［英］阿曼得·德安格 —— 著
马灿林 ——————— 译

恋爱中的苏格拉底

一个哲学家的诞生

人民日报出版社
北京

图书在版编目(CIP)数据

恋爱中的苏格拉底：一个哲学家的诞生 / (英) 阿曼得·德安格著；马灿林译. — 北京：人民日报出版社, 2021.5

书名原文: Socrates in Love: The Making of a Philosopher

ISBN 978-7-5115-6976-9

Ⅰ.①恋… Ⅱ.①阿… ②马… Ⅲ.①苏格拉底(Socrates 前469-前399)-生平事迹 Ⅳ.①B502.231

中国版本图书馆 CIP 数据核字(2021)第 060363 号

著作权合同登记号　图字：01-2021-1399
SOCRATES IN LOVE by ARMAND D'ANGOUR
Copyright:© Armand D'Angour, 2019
International rights management: Susanna Lea Associates, in association with Aevitas Creative Management UK and Big Apple Agency, Inc., Labuan, Malaysia.
Simplified Chinese edition copyright: 2021 Beijing Qianqiu Zhiye Publishing Co., Ltd. All rights reserved.

书　　名：	恋爱中的苏格拉底：一个哲学家的诞生
	LIAN'AI ZHONG DE SUGELADI: YI GE ZHEXUEJIA DE DANSHENG
著　　者：	[英]阿曼得·德安格
译　　者：	马灿林
出 版 人：	刘华新
责任编辑：	毕春月　苏国友
出版发行：	人民日报出版社
社　　址：	北京金台西路2号
邮政编码：	100733
发行热线：	(010) 65369509　65369512　65363531　65363528
邮购热线：	(010) 65369530　65363527
网　　址：	www.peopledailypress.com
经　　销：	新华书店
印　　刷：	北京九天鸿程印刷有限责任公司
开　　本：	880mm×1230mm　1/32
字　　数：	128 千字
印　　张：	8
版次印次：	2021 年 6 月第 1 版　2021 年 6 月第 1 次印刷
书　　号：	ISBN 978-7-5115-6976-9
定　　价：	59.00 元

如发现编校差错或印装问题，请拨打售后服务电话 010-82838515

不管怎样,我们的苏格拉底都是柏拉图笔下的苏格拉底。

——迪斯金·克莱(Diskin Clay)

我们没有人真正了解苏格拉底。

——柏拉图《会饮篇》中的亚西比德

认识你自己。

——德尔斐的阿波罗神庙箴言

未经省察的生活不值得一过。

——柏拉图《申辩篇》中的苏格拉底

关于名字拼写的说明

本书使用了许多名字的拉丁文音译,尤其是一些常见的名字,比如 Socrates, Plato, Pericles, Miletus, Potidaea,并保留了其他名字的希腊文音译,比如 Trygaios, Kimon, Lampros, Konnos。研究这一历史领域的人都知道,这些不一致是无法避免的。

序

谁是苏格拉底?

大多数知道苏格拉底的人会把他想象成一位古希腊的思想家、智者或哲学家。他们所想到的形象可能是罗丹的雕塑作品《思想者》(*Thinker*),或者是一个穿着长袍的白胡子老头。对于一些人来说,他的名字让人想到一种答疑诱导法,即著名的苏格拉底问答法,以及"未经省察的生活不值得一过"这一名言。其他人会想到苏格拉底之死的戏剧性场面:苏格拉底锒铛入狱,被法庭判处死刑,最终喝毒酒(一种致命的毒芹酒)而死。还有一些人则会想起,苏格拉底有一个忠诚而严苛的妻子,名叫赞西佩(Xanthippe)。

读者们可能会想到苏格拉底的一生是在雅典的黄金时代度过的,即基督诞生之前的公元前5世纪。这一时期,古希腊文明在思想、艺术和文学等诸多领域达到了高峰。同时,希腊人发明了哲学、逼真的雕塑、宏伟的建筑和夸张的戏剧。伯里克利(Pericles)是公元前5世纪雅典著名的政治家。在他的领导下,伯里克利时期的雅典发展了民主制度,成为一个海上帝国,并建造了帕提侬神庙。

苏格拉底与古希腊其他伟大的哲学家也有联系,尤其是他的后继者柏拉图(Plato)和亚里士多德(Aristotle)。但是,让很多人惊讶的是,苏格拉底自己没有留下任何著作。我们对其思想的了解在很大程度上依赖于柏拉图的著作。苏格拉底去世时,柏拉图还只是一个20多岁的青年。苏格拉底的另一位仰慕者是军人、作家色诺芬(Xenophon)。他和柏拉图年纪相仿。他的著作从一个更为日常的视角来描写苏格拉底。这两位作家对苏格拉底本人的了解都不超过十年,因此,他们只可能遇见老年时期的苏格拉底。

柏拉图和色诺芬的著作是苏格拉底传记材料的主要来源。通过比较两人的著作,人们一般认为柏拉图的更加贴近历史。在他的著作中,苏格拉底正值盛年,是一个头脑敏锐、学识渊博的原创性思想家,也是一个执着的、爱反讽的和经常惹人恼怒的提问者。柏拉图同样让我们看到苏格拉底是一个世俗的性感男子,并将其描绘成一个特别勇敢和能干的战士。相反,在色诺芬的著作中,苏格拉底看上去更像是一个雅典的绅士,他机智、活泼,是一个热情的健谈者。

两位作家都清楚地展现了,苏格拉底对物质生活和他的外表从不在意。的确，人们普遍认为晚年的苏格拉底穷困潦倒，样子也不讨人喜欢，尽管他表现出毋庸置疑的聪明才智，并与雅典知名的思想家和政治家平等地交往。由于更多地从哲学视角出发，柏拉图将苏格拉底描绘成一个专注于思想的人，他的外在形象神秘地掩盖了内在的美，这让他俘获了一大批人围绕在他周围。而在色诺芬的著作中，苏格拉底总是幽默地自嘲他的外貌，并且信心满满，从不考虑身外之物。这一持久的形象反映的是一个卓越而有独创性的思想家，尽管他一直贫困、老迈且丑陋。

这给苏格拉底的故事留下了一个谜团。是什么将一个据说出身低微、经济窘迫的雅典青年转变为一个思考方式和哲学方法的奠基者？这对他所处的时代来说是全新的，而且对后世影响深远。对于苏格拉底形象的创造，后来为他写传记的作者很少能够超越柏拉图和色诺芬，并且遵循着这一假定，即苏格拉底的青年时期是无关紧要的。他们忽略了一系列有关苏格拉底早年生活的虽然零散却很关键的证据。该时期正是这位未来哲学家的思想和态度演变的时期。因此，鉴于这位思想家的文化背景和所处的历史环境，大多数关于苏格拉底生平的叙述都未能考虑到这些能够解释其人格和思想发展轨迹的提示。

是什么激励了一个像苏格拉底这样的青年去开创一种全新的思考方式，并献身于一种完全不同于先辈的哲学追问？他在什么阶段开始了这样一种哲学探索的生涯？是出于何种原因？在苏格拉底的早年时期，什么导致了这一转变？在他的少年和青年时期，他在做什么？他是个什么样的人？简言之，是什么造就了苏格拉底？

这些问题都有待回答。为了回答这些问题，我们必须像侦探一样，去发掘和思考线索，把苏格拉底所处时代的历史背景和社会环境结合起来，并再现他的早年生活事迹，虽然这些事迹已经变得模糊和支离破碎，几乎被人遗忘。结果证明，很多答案就在眼前。它们的积累效应使人意外、着迷，甚至吃惊，因为一些人原以为，他们对苏格拉底已经足够了解。

本书意在提供一种新的、有充分历史根据的视角，以窥探苏格拉底的个性、早年生活和思考风格的起源。由于关于青年时期的苏格拉底的直接证据薄弱、隐晦而零散，我们必须用旁证和历史想象来充实有关他的背景和他早期思想来源的几个珍贵的迹象。如果我们想要回答他的思想是如何变化和发展的这一问题，就必须充分考察有关他的时间线和鲜为人知的生平材料，以重构苏格拉底的童年、青年和壮年时期。

大多数人总是持有一个普遍观点，认为苏格拉底来自一个底层阶级，只有很少的受教育机会。青年时期的他和成年后的他一样其貌不扬。由于缺乏关于他早年爱情生活的事实根据，不少人认为苏格拉底与爱情无关。他一直都是一个思想者，而不是行动家。然而，对事实的考察将表明所有的这些观点都可能会被推翻。事实显示，苏格拉底是一个强壮而富有魅力的年轻人，来自一个相对富裕的家庭。他成长于雅典的精英环境，在这里，一个男孩的志向就是在战场和政治生活中赢得英勇的名声。从早年起，他就开始学习吟唱古希腊的伟大诗歌，弹奏里拉琴*，并进行严格的体能和精神训练。他曾受教于当时一些最好的教师，并努力培养自己对最新知识的追求。其精神恋爱的方式并没有表现在婚姻中［苏格拉底与第一任妻子米尔托（Myrto）以及他在50多岁时遇到的第二任妻子赞西佩的关系］，而是表现在他与聪明的男性伴侣关系上，更表现在他与当时最迷人和最杰出的女性之一——米利都的阿斯帕西娅（Alcibiades）的爱情上。

古今传记作家从未具体描写过青年苏格拉底的形象。然而我们知道，他的早年正是他做出那一审慎选择的时期，即转向关注精神生活的重要阶段。这种转变来源于各种经历，其中最重要的无疑是他和阿斯帕西娅的关系。直到那一刻，甚至更早，苏格拉底向我们呈现的都是一个给人留下深刻印象的战士、体格健壮的格斗手兼舞者、富有学识的演讲家和

---

* 里拉琴：古希腊的一种七弦竖琴。——编辑注

激情洋溢的爱人的形象。

如果我们想用这样一种前所未有的方式来看待苏格拉底,就需要对塑造他的生活和个性的线索考察一番,并重新探索他青年时期的经历。这些碎片将他转变为一个新型的英雄,即哲学家。他的独特见解、非传统的行为方式和面对死亡时的英勇气概在两千多年的时间里吸引了一批又一批思想家和探索者。

目 录

前　言	1
第一章　为了苏格拉底的爱	001
第二章　战士苏格拉底	023
第三章　走近亚西比德	055
第四章　伯里克利的圈子	081
第五章　一个哲学家的诞生	111
第六章　阿斯帕西娅之谜	143

后　记	161
苏格拉底的一生	163
时间线	179
注　释	183
参考文献	203
致　谢	211

前　言

将苏格拉底从《云》中引出

　　一个木制起重机的巨大起重臂从舞台左边慢慢移动到中心。它的顶端用麻绳悬挂着一只大竹篮，里面坐着一名戴着面具的演员，他的腿以一种滑稽可笑的方式晃动着。起重机嘎吱一声停下来，篮子仍在绳子上慢慢摆动。苏格拉底站在高高的、摇晃的竹篮里，喊出一句高傲的话："凡人，你找我干什么？"

我坐在牛津大学的办公室里,想象着"苏格拉底"这个人物形象第一次出现在阿里斯托芬(Aristophanes)的喜剧《云》(*Clouds*)中时的情形。该剧在公元前423年雅典的一个戏剧节中首次上演。和我在一起的,还有两名热情的本科生,正在接受个别指导。这是现代学园里的苏格拉底问答法:导师通过对学生的想法和观念进行批判性分析,然后从中诱导学生得出答案。阳光从窗外斜射进来,学生轮流读着他们关于探究"苏格拉底"在这一喜剧中的形象的论文。两人论证的核心在于,苏格拉底在剧中出现的方式是对这位哲学家不公正的呈现,应该被视为仅仅是一个滑稽的喜剧表演。这是阿里斯托芬的惯用手段。这位喜剧作家将成为那一时代最伟大的喜剧作家,但是此时,他年仅20多岁,还处于职业生涯的早期。

苏格拉底在剧中称呼的"凡人"是一个年老的农人,叫作斯瑞西阿得斯(Strepsiades),是这出戏的反角。斯瑞西阿得斯在喜剧的开头就出现了,他由于焦虑在床上翻来覆去睡不着。他告诉观众,失眠的原因是他那恣意挥霍的儿子菲迪彼得斯(Pheidippides)由于购买和培育良马,给他招致了巨大的债务。公元前5世纪时,一个出身高贵的雅典青年这样做就相当于今天的年轻人把家庭积蓄挥霍在昂贵跑车上。

斯瑞西阿得斯的名字在希腊文中意味着"骗子"(或许可以用狄更斯的风格将其翻译成"狡猾的骗子")。由于忧心债务,他告诉我们,他想到了一个巧妙的计划。他听说苏格拉底开了一所学园,名叫"思想所"(Thinkery)。在那里,学生可以学到辩论的技巧,赢得任何案件。他总结道,与其偿付儿子的债务,还不如把菲迪彼得斯送到学园去,这样儿子就可以学会逃避债务的辩论技巧。

这看上去是老农解决忧虑的最好办法。但是,菲迪彼得斯不同意。作为雅典上流社会青年的一员,他对要与苏格拉底和那些衣着破旧、骨瘦如柴的文士混在一起感到惊恐。其中一位加入思想所的文士就是凯勒丰(Chaerephon)。他是苏格拉底的一名仰慕者,面容消瘦,一头长发,绰号"蝙蝠"。据说,他曾经试探性地去询问德尔斐神谕:"有谁比苏格拉底更有智慧吗?"得到的回答是"没有"。

由于未能劝说他的儿子入学,斯瑞西阿得斯决定自己加入思想所。当站在思想所的门口时,他从一个高傲的学生那里接受了一场简单的入学仪式。在学园里,他看到人们弯着腰,观察地上的现象,而他们的屁股对着天空(根据斯瑞西阿得斯的指引),研究天上的事物。在漫不经心地评论了一番那些奇形怪状的东西(一个大的地球仪和一幅希腊地图,它们代表着天文学和地理学研究)之后,斯瑞西阿得斯发现了苏格拉底——这所学园的老师。他坐在剧院另一边空中的一个篮子里。"嘿,苏格拉底!"斯瑞西阿得斯用一种哄骗的语气喊道,"嘿,小家伙。"

这是起重机操作员——人们认为这可能是一个肌肉发达、大汗淋漓的奴隶,他跨坐在机械的平台上——行动笨拙的暗示。操作员握着起重机的木杆,吃力地操纵着大木臂。它的上面吊着一个篮子,里面是一个戴着滑稽面具的人,篮子在缓慢地移动到舞台中央。

喜剧的提升

在公元前5世纪末,"起重机"是一种新进的舞台装置,一度深受观众和剧作家的喜爱。该词的拉丁文是machina,"机器"(machine)一词是由这个词演变而来的,而从它的希腊文mekhane中,我们得到了"机制或原理"(mechanism)一词。在留存下来的一些古代悲剧中,它的结局独树一帜。通常神圣的角色会由起重机举到舞台上空,然后向剧中人物和观众解释,命运之神将如何解决这样一个棘手的局面,比如选择的困境、冲突或者剧情安排的强烈情感爆发。神将在机器上面宣布及时的解决办法。他是"天外救星"(deus ex machina)。[1]

与悲剧不同，古代喜剧往往融合了闹剧、政治讽刺以及对人物性格和制度的嘲弄。阿里斯托芬喜欢模仿悲剧的体式，包括使用大型舞台机械。起重机潜在的幽默用途清楚地表现在他的喜剧《和平》(*Peace*)中。该剧创作于公元前421年，比《云》晚两年。《和平》的历史背景是希腊城邦斯巴达与雅典长达十年的争战，当时雅典人热切地希望双方能够迅速达成一个和平协议。

当《和平》在公元前421年上演时，针对一份和平协议——以代表雅典进行谈判的政治家和将军的名字命名的《尼西亚斯和平协议》(Peace of Nicias)——的讨论正陷入僵局。斯巴达人发起的这场消耗战沉重打击了阿提卡的地主和农民。《和平》的主角是淳朴的特里该俄斯(Trygaios)，他是雅典乡下的一个农民，名字的意思是"葡萄种植者"或"酒民"。由于厌恶雅典长达十年的争战，特里该俄斯决心效仿英雄柏勒洛丰(Bellerophon)，赶到奥林匹斯山，将和平女神带回人间。

柏勒洛丰骑着传说中的飞马珀伽索斯在空中飞翔，但是，特里该俄斯则骑着一只不那么高贵的生物，即一只巨大的甲壳虫。在戏剧的开头，奴隶们滚着巨大的粪球，喂食一头怪兽。这只甲壳虫是由一个盖着兽皮和毯子且有着甲壳虫形状的精制木框做成的，它的角看上去十分凶猛，特里该俄斯正好可以抓着它。这个可怕的东西被绳子绑在起重机的顶端。

甲壳虫被起重机吊在高空中，特里该俄斯小心翼翼地抓着它的后背。当升到天上的甲壳虫远远闻到一股腐臭的食物味道时，就会俯冲下来。特里该俄斯惊叫道：

"嘿，你在干什么？嗅到粪坑了吗？抬起头来。直接飞到宙斯的宫殿，不要再觅食了。现在，你在看什么？宙斯，有个人在比雷埃夫斯拉屎。"

这时，演员的语气发生了变化。打破戏剧性的幻想后，他用自己的声音说道：

"可怕。真的没有时间瞎晃了。操作员，看看你在做什么！我可以感到风在肚子周围呼啸。如果你不认真点儿，这只甲壳虫就将获得它的晚餐，因为我一定会拉屎。"

从这种粗鲁、污秽的幽默中，我们怎么能提取出任何严肃的东西呢？我们从《和平》中几乎无法找到任何有关停止希腊城邦之战的历史意图的细节。所以，我们又怎么能希望从《云》的那些无礼的闹剧中了解到历史上的苏格拉底呢？

两个《云》的故事

关于《云》,还有一个更为复杂的问题。原来的剧本已经失传,现存的剧本不是公元前423年上演的版本,而是阿里斯托芬几年后以书面形式流传的修订版本。在原来的版本中,斯瑞西阿得斯的计谋得到了实现。在加入思想所,与墨守成规的信徒们一起狂欢庆祝成功之前,斯瑞西阿得斯通过在"苏格拉底"的学园里学到的诡辩技巧,击败了债主。

然而,这部剧在公元前423年上演时还要和另外两部喜剧竞争,阿里斯托芬一定很失望。正如我们从现存的剧本中看到的一样,他认为《云》是自己最有趣、最巧妙的作品。然而,观众并不喜欢它。他们觉得内容令人震惊、不道德,并不接受它的结局。《云》在比赛中排到了最后一名。[2]

我们可以从现存的版本中了解到这些。其中,阿里斯托芬解释了他修改的情况。在叫作"进场"*的一节中,一个演员代

---

* Parabasis,是指在古希腊喜剧中,合唱队向观众的致辞。——译者注

表作者走上前台，直接对观众说话。"我的雅典同胞们，"他责骂道，"在第一次上演时，你们拒绝了这个剧本。你们没有欣赏到其中的幽默，错过了重点。对于你们来说，它太讽刺、太高深、太精妙了。"所以，作家声称，他已经把它修改了一番，以适应观众浅薄的品位。他注意到喧闹喜剧的一般修辞（比如"当人们讲的笑话十分糟糕时，老人会用棒子重打他们"），并把结局改了一下，以迎合观众的喜好。对于大多数愚蠢的观众来说，喜剧的道德内涵——归之于苏格拉底的那种教义应该受到谴责——应该简单易懂。

在这个新的版本中，情节发生了变化。斯瑞西阿得斯没有得意于狡猾的论证和不诚实的交易，相反，他被迫认识到了自己的错误。由于晚餐时朗诵的一段话，菲迪彼得斯和父亲发生了口角，并揍了他父亲一顿，这促使斯瑞西阿得斯改变了心意。这段话来自悲剧作家欧里庇得斯（Euripides）创作的一部生动的戏剧。在老派的斯瑞西阿得斯看来，这部剧十分不体面。作为回应，菲迪彼得斯打了他，并利用令人寒心的信条来为殴打父亲的行为进行辩护：

既然有利于被打者的利益，为了你的好处，我打你难道不是一件正确的事吗？你说法律只允许孩子挨打，但是，人老了便是"返老还童"。所以，惩罚他们就更加说得过去，因为他们没有更多的理由犯错。

在古希腊人看来,殴打父亲是一个儿子犯下的最严重的错误。斯瑞西阿得斯震惊于儿子的行为,为自己早先的举动后悔不已,并开始敌视苏格拉底、他的学园以及他们所代表的一切。在现存版本的最后一幕中,这位老人一把火烧了思想所,并扔石头砸向学生们,他的儿子就在其中。人们纷纷逃离着火的房子。在公元前423年上演的原作中,诡辩和歪理获得了胜利;但在数年后的这个版本中,修改后的这一幕象征着对危险智术的暴力破坏。[3]

《云》中的苏格拉底

阿里斯托芬意识到,在第一版的《云》中,他归之于"苏格拉底"的欺骗方法的成功并没有受到观众的欢迎。我们无法知道,时人今天读到的修订版本是否好一些。没有证据表明第二版曾经上演过,至少它没有在狄奥尼索斯剧场上演过。该剧场是雅典最大、最负盛名的剧场,也是举行最著名的宗教和戏剧节日活动的场所。

与歪理的胜利相比,这一残酷的结局——苏格拉底的思想所被付之一炬——是否让人更易接受?阿里斯托芬无疑认为是这样的。其中表达的含义是,大多数观众认识的苏格拉底不仅与那一论证风格脱不了干系,而且要为之受到惩罚。该剧对他的失势的描写是欢快的,这也暗示着苏格拉底可能在雅典大众中并不十分受欢迎。他们中许多人都是一些未受教化的乡民,从阿提卡乡下拥入,去参加在该城市的著名剧院举办的节日庆典。

然而,观看喜剧的观众去那里,主要是为了娱乐。对大多数人来说,了解苏格拉底的真实观点或哲学方法是不太可能的。古代喜剧往往语言粗野且富有煽动性,就像现代讽刺时事的滑稽剧或电视节目一样,会把矛头对准个人和政治目标。在这一背景下,即使是那些对苏格拉底的哲学方法略知一二的人也不可能去关心该喜剧对它们的描述是否公正,是否充满了偏见。然而,一般认为,《云》中的"苏格拉底"远非真实的苏格拉底本人。它反映的是当时的一些教师,一些聚集在"智者"(sophists)这一头衔下的公共知识分子。后来,从这一名词中衍生出"诡辩"(sophistry)和"世故"(sophisticated)两个单词。

公元前5世纪，智者是指一些聪明且富有原创性的思想家。他们中很少有人是雅典公民。大多数人来自雅典之外的希腊城邦，比如希腊大陆和爱琴海诸岛屿，或者更远的南意大利、西西里岛和爱奥尼亚（小亚细亚西海岸，今天的土耳其西部）的一些希腊城邦。在公元前5世纪，他们会聚到雅典。雅典在希波战争之后，成为希腊的政治和文化中心。他们讲课、出版书籍和论文，涉及的内容从语法、天文学和医学一直到雕塑、建筑和战争。一些人提供赢得战争的策略建议。大多数人擅长提供辩论的获胜技巧。

"苏格拉底"及其学派在《云》中研究的内容包括经典的"诡辩"学科，比如天文学、地理学、自然史学、声学、测量学和语法学。从事实践活动（比如贸易、工艺、战斗和农业）的普通雅典人认为，这些研究活动毫无意义，或者更糟的是，他们对实践和教授这些学科的人不以为然。大多数雅典人也很迷信。人们普遍担忧，对自然的理性考察是不虔诚的实践，会引发神的愤怒，因为按照传统，自然现象是神的力量的表现。据说，许多理性主义的思想家被指控不敬神，并受到审问。

这些玄虚的智识追求并不是柏拉图和色诺芬（两人提供了有关苏格拉底的最全面的信息）笔下的苏格拉底所从事的那种活动。然而，事实证明，早年的苏格拉底曾经对科学思想充满兴趣，尤其是对自然的研究。在记录了苏格拉底临死前对话的

《斐多篇》(*Phaedo*)中,柏拉图笔下的苏格拉底说,他刚开始对研究物理现象充满热情,后来不再对它感兴趣,因为它不能为他追求的生活提供任何答案。[4]

柏拉图希望将苏格拉底和智者区别开来。智者会为了巧妙的话术而牺牲真理,柏拉图不想让他们的名声玷污苏格拉底。因此,他可能轻视了青年苏格拉底对与之相关的学科表现出来的兴趣。然而,如果存在这样一个青年时期,正如柏拉图所暗示的一样,苏格拉底也曾追求那些"诡辩"思想,那么,他在公元前423年的阿里斯托芬的喜剧《云》中的科学研究者形象可能不像后来的读者所认为的那样离谱。

柏拉图和色诺芬这两位传记作家将苏格拉底理想化,分别将其描绘为一个道德观念的分析式提问者和一个具有健全常识的典范。因此,《云》对公元前5世纪20年代的苏格拉底的描绘提供了一个重要的矫正依据。这大概是柏拉图和色诺芬刚出生的时候。喜剧《云》提醒我们,苏格拉底虽然拥有真正的美德,但并不是一个圣人,而是一个有血有肉的人,他的思想和行为使他冒着得罪雅典同胞的风险。相比于后人,他的缺点、矛盾和习性在同时代人那里更加明显。后人几乎完全依赖于苏格拉底的支持者在他死后提供的有选择性的、大多带有仰慕色彩的叙述。

然而，在苏格拉底之前或之后，没有一个哲学家能够像他一样。他是那一时代最不寻常的原创思想家。对于后人来说，他所留下来的遗产使其成为一个道德和哲学英雄。尽管浩繁的著述中留下了零星的线索，但是，还有他的传记作者没有告诉我们，以及他们可能不尽知悉的东西：作为那个时代的一个普通雅典青年，苏格拉底为什么会在青年早期到中年的某个时刻发生改变，以及如何改变成为世人认识和尊敬的杰出思想家？

将苏格拉底写入戏剧

公元200年左右，也就是在《云》上演6个世纪之后，一位叫艾利安（Aelian）的学识渊博的罗马作家提到该剧初次上演时发生的一件事。艾利安说苏格拉底也是观众之一，他从座位上站起来，向其他观众展示剧里嘲讽的人物是谁。[5]

虽然这一证词很晚才出现，但是，我们有充分的理由认为苏格拉底出席并观看了这场演出。酒神节是雅典早春举办的最大的宗教节日，通常大多数成年男性都会参加（而且很可能还有一些妇女,尽管她们占到观众比例的很少一部分)。在柏拉图笔下的庭审演讲《申辩篇》(*Apology*)中,苏格拉底提到有人在《云》中把自己描绘为一个传授不道德辩论的教师,并说道,这导致雅典人用一种负面的方式看待他。

当《云》被搬上舞台时,苏格拉底已经46岁了。当时,狄奥尼索斯剧场可能不是今天这样的半圆形石头结构,这种结构是后一个世纪才出现的。相反,当时的剧院是一片巨大的空地,三面都是一层层升高的木椅,对着一个凸出的舞台。[6]据说,苏格拉底很少去剧院,但是这次他去了,因为他了解到,阿里斯托芬的喜剧(可能还包括其他一些要在同一个节日上演的喜剧)将由一个叫"苏格拉底"的角色主演。

我们可以想象,苏格拉底在那个美好的春日一大早起来,从位于城市东南方向的阿诺普克村的家中出发前往市中心。那是个适合航海的季节,天气暖和,海面平静,来自爱琴海的游客将出席这一活动,并观看戏剧表演。游客、商人和教师纷纷涌入,有的人来自伯罗奔尼撒半岛和北部大陆,有的人来自爱琴海诸岛,有的人来自爱奥尼亚的希腊城邦。

这出喜剧是狄奥尼索斯剧场上演的压轴节目,说明当时苏格拉底在他的雅典同胞中就已经是一个有名的人物了。剧中"苏格拉底"的扮演者已经在之前的喜剧中出现过,而且他还出演过其他两部喜剧,其中一部和《云》在同一节日上演。由阿里斯托芬的竞争对手阿米皮亚斯(Ameipsias)创作的《孔诺斯》(*Konnos*)取名来自雅典人孔诺斯,他是一个里尔琴师,教授苏格拉底学习乐器。阿米皮亚斯的喜剧现在已经失传,只剩下一些引文。这部剧把苏格拉底塑造成一个笨学生,试图掌握在当时十分流行的先锋派音乐。

结果,阿米皮亚斯的喜剧打败了《云》,夺得比赛的第二名;而第一名由一个更老的喜剧作家科拉提诺斯(Cratinus)赢得,他的作品《酒瓶》(*Wineflask*)和苏格拉底无关。科拉提诺斯因为醉酒经常遭到竞争对手作品的嘲弄。在这部喜剧中,他反击道,如果一个作家想写出好的喜剧,就必须喝酒。显然,相比阿米皮亚斯在《孔诺斯》中对苏格拉底的戏弄,以及阿里斯托芬复杂的讽刺,观众更喜欢这部作品的现实幽默。

虽然苏格拉底在雅典同胞中十分有名,但是,那些来自雅典之外的希腊人对他一点也不熟悉。据艾利安说,一些外地游客看了《云》后,问道:"这个叫苏格拉底的人是谁?"于是,苏格拉底从剧院的座位上站起来,并一直默默地站到表演结束。这样一个姿态是为了告诉所有人,谁才是真正的苏格拉底(艾利安推测道,舞台人物的面具十分逼真)。一些人将苏格拉底的举动解释为,暗示"舞台上的人物就是我",而另一些人则认为，他是为了告诉观众"这个人物并不是我"。无论他的目的是什么，我们可以认为，这位面无表情地站起来的哲学家是为了告诉所有人"我就是苏格拉底"。这一点让人想起电影《斯巴达克斯》(*Spartacus*)中的标志性时刻：柯克·道格拉斯(Kirk Douglas)扮演的这位主角宣布"我就是斯巴达克斯"。

苏格拉底在这一场合的举动让我们想到，他总是长时间站立不动，表现出发呆甚至紧张的样子，这曾一度吸引旁观者的评论和好奇心。我们可能认为，这一行为来源于某种心理或医学状况。如果这样一种状况从青年时起就困扰着苏格拉底，那么，它很可能在他转向哲学生活的过程中发挥着一定的作用。

现实的戏剧

我听学生读着他们的论文，试图将真实的苏格拉底从《云》中区分出来。我想象着苏格拉底被起重机送上舞台的那一戏剧性的时刻。它肯定是一出重头戏。这让我们想到，苏格拉底生活中的许多片段就包含这些潜在的戏剧性元素（如果是不那么轻松的那种）。

比如，在柏拉图《会饮篇》(*Symposium*)的一节中，我们看到苏格拉底在希腊北部参加了一场漫长而令人疲惫的军事战役，他赤脚穿过冰雪，只身一人将他的朋友亚西比德（Alcibiades）从激烈的战斗中救出来。在这场战役中，好奇而顽皮的战友们有一次看到他一动不动地站着，完全陷入沉思，长达一整夜。另一次同样的情形出现在他参加柏拉图笔下的那场会饮之前，并导致他晚餐迟到。但是，在由参会者发表关于爱情的一系列演讲结束后，苏格拉底直到第二天凌晨仍在欢快地饮酒和辩论，而大多数人则一醉不醒。

我们在其他地方了解到，当晚年的苏格拉底在公元前406年主持政务时，他站在一个充满敌意的议事厅前，面对一群愤怒的暴民，试图阻止不经审判就非法处死5名雅典将军——他们因为在一场海上风暴中未能拯救淹死的战士而受到指控。两年后，苏格拉底在另一个场合中表现了类似的勇气。当时，他冒着立即被处死的危险，拒绝逮捕一名无辜的公民，即萨拉米斯的利昂。后者被三十僭主*判处死刑。三十僭主是一个寡头政府，当雅典在伯罗奔尼撒战争中被斯巴达打败后，该政府上台。

这些事件表现出的英雄气概和戏剧性在苏格拉底之死中

---

* 公元前404年，斯巴达国王吕西斯特拉图占领雅典后，在那里建立了一个寡头政治的傀儡政府，其处于斯巴达的保护下，被称作"三十僭主"。——译者注

达到高潮。公元前399年,由于被指控"腐蚀青年和引进新神",苏格拉底在一个由500个雅典人组成的陪审团面前受到审判。在说服那些人投票支持他无罪释放失败后(据说辩护记录被记载在柏拉图的《申辩篇》中),苏格拉底入狱,并被判处死刑。在《斐多篇》中,柏拉图讲述了苏格拉底那些焦急的追随者聚集在狱中,展开一场有关生死的谈话。之后,他们站在一旁,看着苏格拉底平静地喝下毒酒。毒酒从脚往上,慢慢地使他全身瘫痪,在几分钟内就使其心跳停止。

这个最后的场景激发了作家、画家、电影导演和讽刺者的想象力。我很好奇,苏格拉底的故事是否有可能按照这样一种方式——将他比较丰富的生活片段串联在一起,最后以苏格拉底之死结束——被搬上舞台或银幕?在1971年的《苏格拉底》(*Socrates*)中,像罗伯特·罗塞里尼(Roberto Rossellini)这样的电影制作人就尝试过这一做法,但收效甚微。不仅捕捉古代雅典的生活氛围十分困难,而且,我们所知的苏格拉底故事也无法很好地转换到银幕上面。

为什么会这样?一方面,这位哲学家毫无疑问在许多方面都是一位戏剧性人物;另一方面,在柏拉图和色诺芬的笔下,他主要是一位思想者、提问者和辩论者。从大约40岁开始,苏格拉底30年来经常出没于阿哥拉(古代雅典的市场和城市中心),与人讨论,质疑他们未受省察的信仰和道德观念。这一活动占据了苏格拉底中后期生活的大部分，它的性质决定了它无法转化为戏剧性的材料。一位电影制作人将不得不利用我们从柏拉图和色诺芬作品中获知的人物形象，努力去拍摄一部引人注目的传记片。尽管这些作品也有一些辉煌的时刻，最后在审判和死去的动人场景中达到高潮，但是，问题在于，苏格拉底的形象一直没有变化。

一出好戏

　　就像关于苏格拉底生平的许多事实一样，这位哲学家在《云》上演时久立不动的故事是在后来的资料中被找到的。由于艾利安的作品写于苏格拉底死后6个世纪，因此，他讲的这件事被一些历史学家认为不过是一个富有趣味的虚构。[7]或许，它是根据上面提到的情景虚构的。在这个情景中，苏格拉底被证实几个小时站立不动。然而，这样一种对苏格拉底可能的传记事实的评估提出了一个严峻的问题，它涉及历史方法，尤其是对苏格拉底生平原始资料的评价。资料来源在什么情况下可以告诉我们历史真相，什么时候又不可以呢？

学者们通常乐于认为,苏格拉底真的出席了《云》的演出现场。正如上述所说,这是因为在柏拉图对苏格拉底著名的辩护词《申辩篇》的描述中,苏格拉底在公元前399年的审判中提到过这部喜剧,并认为它对陪审员关于自己的看法造成了恶劣的影响。在这种情形下,柏拉图的作品被认为是一个可靠的资料来源。然而,审判发生在距离这部喜剧第一次上演24年后,而且没有记录显示,它后来又上演过。苏格拉底真的会提到一部很久之前上演的喜剧对他的刻画吗?由于大多数陪审员可能都没有看过这部24年前上演的戏剧,它还会影响人们的看法吗?这说得通吗?[8]

　　因此,我们不能相信柏拉图笔下的辩护词是对事件的一个准确记录。考虑到《申辩篇》创作于苏格拉底申辩多年后,关于它的真实性,我们不得而知。或许,柏拉图虚构了其中一部分演讲,比如苏格拉底提到阿里斯托芬在《云》中对自己的刻画。柏拉图可能认为,他的读者对这部喜剧——如果不是原版的话,可能是保留下来的修订本——十分熟悉。而且,他显然很想公开表明,阿里斯托芬刻画的苏格拉底是一个歪曲的形象。我们可能倾向于认为,柏拉图借苏格拉底之口说出的一些话可能夹杂了他想要读者如此看待自己挚爱的老师的想法。

权衡事实

　　由于有这么多怀疑,对青年或老年苏格拉底的真实历史事件的重构似乎变得更加遥不可及。我们如何破除对苏格拉底形象的可能歪曲,无论是出于阿里斯托芬的喜剧目的,还是出于柏拉图和色诺芬这些富有同情心的传记作家更为严肃的辩护目的?关于(尤其是早年的)苏格拉底的真实的生活和思想,我们可以知道些什么?

　　一开始,对青年苏格拉底的研究几乎毫无进展。研究他的古代传记作家仅仅为我们提供了一些零散的关于少年和青年苏格拉底的材料,其他资料似乎只是补充了一些有争议的细节,以此来弥补他们的沉默。考虑到缺少有关青年苏格拉底的事实证据,我们似乎注定只能陷入无知或者推测想象之中。这一点为什么重要?这是因为苏格拉底的早年经历和亲密关系可能有助于解释他后来之所以能够开创出一种哲学思考风格的原因。这一风格塑造了西方哲学的方向。罗马演说家和政治家西塞罗(Cicero)说:"苏格拉底将哲学从天上带到人间。"

苏格拉底之前的哲学家对这些问题——人应该如何生活，或者人们如何知道什么是对的或好的——很少感兴趣。他们追问的主要目的是提供一些合理的推测，以回答宇宙的物理结构和物质世界的起源这些问题。与之相反，苏格拉底认为，没有什么比了解如何最好地培育和训练灵魂（或精神）更加重要。他十分重视刻在德尔斐阿波罗神庙上的箴言——"认识你自己"。通过不懈地质询和考察人们的观念，他宣称"未经省察的生活不值得一过"，并试图开辟出一条自我认识的道路。

因此，是什么促使苏格拉底将其非凡的分析头脑转向具有深刻道德意义的原始探索的呢？这些探索将为后来的世界留下巨大的道德、伦理和认识论遗产。是什么导致他最后追求一种关于人类生存意义的全新的思考方式，并且如此执着，不惜牺牲社会认同和自己的生命？为了做到这一点，他遭遇并克服了什么样的智识和情感挫折？作为一个年轻人，是什么样的个人经历（可能包括爱情上的失败）塑造了他的视野，并改变了他的人生方向？

据说，苏格拉底是一个地位低下的石匠和产婆的孩子。他的早年生活似乎没有任何吸引力。虽然人们承认苏格拉底曾到家乡之外当兵，过着一种比较积极的生活，但是，他在历史上似乎总是以一个成熟的思想家的形象出现，而且很少有人认为有必要去探究他之前是一个什么样的人。然而，当人们研究有关苏格拉底生平的编年史时,这一点就变得再清楚不过了:发生在他早年生活(在柏拉图、色诺芬或阿里斯托芬认识他之前很久)中的那些事件一定在促使其成为思想家的过程中发挥了重要作用。

由于明显缺少苏格拉底早年生活的相关证据,学者和历史学家普遍认为,我们根本无从知道将苏格拉底引向哲学生活和思考的人生轨迹。但是,基于那些要么被忽视、要么被误解的证据,我们仍有一个了解青年苏格拉底的办法。这个办法将带领我们重访苏格拉底早年所处的社会和历史背景,并根据详尽的细节来补充他的青年生活和思想发展。这要求我们必须仔细考察明显的矛盾和沉默之处,并重新评价那些鲜为人知的原始资料的作用。此外,我们还必须考虑到研究苏格拉底的传记作家可能忽略、隐瞒或故意掩盖了什么,以及他们这样做的原因。

要讨论"恋爱中的苏格拉底"这一话题,就得从历史资料中扩展可能发挥过积极作用的事件证据。这要求我们采用一种新的眼光去看待柏拉图和色诺芬赋予他的特质。毕竟,两人出生于苏格拉底正值壮年之际,只了解他的晚年。[9]同时,与研究他的主要传记作家提供的形象相比,我们要关注那些保存至今的不太系统的证据。

在后世作家的笔下,比如公元1世纪到2世纪的普鲁塔克

（Plutarch）和公元3世纪的第欧根尼·拉尔修（Diogenes Laertius），我们发现了一些与苏格拉底有关的逸事，它们要么来自柏拉图和色诺芬等人较早的资料，要么来自不那么迷信的见证者零散的引用，比如希俄斯的伊翁（Ion of Chios）、亚里士多德和亚里士多塞诺斯（Aristoxenus）。伊翁是苏格拉底的同时代人，而亚里士多德和亚里士多塞诺斯虽然辈分较小（亚里士多德是柏拉图的学生、亚里士多塞诺斯的老师），但认识一些和苏格拉底相交的老人。

这些资料提供了一些非理想化的传记视角。它们在很大程度上被现代历史学家忽视，或者被贬低为贫乏的、毫无根据的和充满敌意的虚构，尤其是在背离柏拉图和色诺芬的地方。比如，我们从中了解到，苏格拉底青年时曾和一个年老的男性情人去过萨摩斯岛，结过不止一次婚，而且通过地租来维持自己的生活。如果是真的，这些细节就为我们呈现了一个不同于大众熟知的苏格拉底形象。

我们应该如何评价这些材料的可靠性？所有历史研究都要求我们权衡事实来源，并试图创造一个令人信服的叙事。即使不是虚构，古代传记作家笔下的苏格拉底也只能是一个有选择的、充满想象的建构。阿里斯托芬的"苏格拉底"不同于柏拉图的"苏格拉底"，柏拉图的"苏格拉底"又不同于色诺芬的。而普鲁塔克和第欧根尼·拉尔修一方面记录了所有这些东西，另一方面在口吻和细节上与它们保持距离。同样,我们对苏格拉底的印象也不可避免地与上述传记作家不同。

然而,通过利用所能找到的具有历史价值的证据,并特别注意那些有关苏格拉底的活动的事件年表,我们同样会倾向于且有资格去创造一个属于我们自己的苏格拉底形象。之所以想呈现一个我心中的苏格拉底,主要是因为与苏格拉底早年有关的现有证据(在很大程度上是暧昧不清的)需要重新考察、评价和解释。从新的角度来思考这一事实,我们将有机会比以往任何时候都更了解这位哲学家早年生活的可能历程,以及它对其思想的意义。

生平和思想

为什么苏格拉底的生平让人感兴趣?许多人会认为,真正重要的是他留下的哲学思想和方法。首先,苏格拉底被视为西方文化传统中一位伟大的奠基性人物。正如柏拉图记录下来的一样,他的思想改变了我们思考生命、真理和知识的方式,并给人类留下了一份巨大而珍贵的道德和哲思遗产。哲学家阿尔弗雷德·诺斯·怀特海（Alfred North Whitehead）写道："对欧洲哲学传统最安全的概括就是，它包含了对柏拉图的一系列注脚。"柏拉图的对话让我们注意到苏格拉底提出来的那些问题。它们对现代世界仍然意义重大。什么是正义？什么是善？我们究竟能知道什么？教育的目标是什么？勇气的意义是什么？人类应该如何生活？爱的意义是什么？

然而，苏格拉底的传记同样重要。尽管苏格拉底没有留下任何著述，但是，他的思想之所以能够幸存下来，在很大程度上是因为他按照自己的哲学原则生活，并为之而死。这激励了像柏拉图和色诺芬那样的忠实信徒向后人讲述他的故事。[10]这不仅让他的思想内容显得十分重要，而且让他的生活和死亡方式变得也很重要。与基督教的创始人比较一下我们就能明白这是不可避免的：就像《新约圣经》中讲述的一样，耶稣的生死构成了世人理解和领会其福音的一部分。[11]我们需要说明的是，雅典政府判处苏格拉底死刑是否公正，这仍然是一个颇有争议的问题。作为其最出色和最忠实的学生，柏拉图确信，这是一个可怕的错误。为了表明苏格拉底是一个真理的殉道者，他的后半生都在传播自己版本的苏格拉底思想。

因此，我们该如何建构一个合理的叙事，讲述苏格拉底从一个普通人转变为一个哲学家的过程？正如我们所见，在公元前423年《云》上演的时候，苏格拉底正值不惑之年。根据该喜剧展示的事实，他已经广为人知，并被视为一个身无分文的教师和故弄玄虚的文人。尽管我们从柏拉图那里知道，苏格拉底在一年前的代立昂战役中表现英勇，并与雅典公众生活中具有影响力的人物长期交往，比如广受欢迎的纨绔子弟兼政治家亚西比德，但是，这一声名还是和他联系在一起。作为实干家的苏格拉底是在哪一个阶段让位于作为思想家的苏格拉底的？这一转变为什么会发生？在我看来，这些事实将我们引向苏格拉底的早年生活，并最终导向本书的题目：恋爱中的苏格拉底。

第一章

为了苏格拉底的爱

苏格拉底说道:"我真正知道的一件事就是爱。"

"爱是什么？"这个问题在雅典一间装潢华丽、油灯闪烁的餐厅内提出。餐厅位于戏剧作家阿伽松（Agathon）的家里。时间是公元前416年。一伙人倚靠在卧榻上，聚精会神地听着苏格拉底讲话。其中一些人已经就这一话题发言，现在轮到了苏格拉底。苏格拉底是一个50多岁的矮壮结实的人，宽眼睛，翘鼻子，有着一种近乎迷人的风度，说话平静而自信。苏格拉底说："我真正知道的一件事就是爱。"[12]

苏格拉底说得似乎很诚恳。然而，他的听众知道，他是一个反讽大师，因此，他们不清楚是否应该按照字面意思来理解这句话。他们不怀疑苏格拉底说的是真话，就像他们不怀疑太阳神阿波罗的真实性一样。阿波罗借得到启示的女祭司皮提亚之口，在德尔斐宣布自己谜一样的神谕。但是，鉴于苏格拉底之前说过"我唯一知道的就是我很无知"，他所谓的"知道"是什么意思呢？

就像十分暧昧的德尔斐神谕一样，苏格拉底的话经常看上去带有隐含的意义。苏格拉底用来表达"爱"的意思的词汇是"erōtika"，该词字面上是指"和厄洛斯（Eros）有关的事物"，或者"爱的领域"。它听上去与希腊词汇"erōtan"十分相似,后者的意思是"提问"。由于苏格拉底是一位大名鼎鼎的思想家,总是有一堆问题,却没有答案,因此,这个评论可能掩盖了一个反讽的双关语。难道他是在向观众暗示,他的关于爱的知识实际上存在于提问的艺术之中?

爱的神秘

苏格拉底紧接着说的话完整地回答了"爱是什么"这一问题。然而,这不是他自己的答案。他向听众解释说,这是很久以前(我们假定,当时苏格拉底还很年轻)他与一个充满智慧的女性狄奥提玛(Diotima)的对话。其中,他向她询问了关于爱的问题,并得到了她的回答。即使在发表关于爱的长篇大论时,苏格拉底仍然保持一个提问者的角色,而不是一位在这个问题上拥有自己见解的老师。他把狄奥提玛描述为一个来自曼提尼亚(Mantinea)的女祭司。曼提尼亚是一个位于伯罗奔尼撒中心地区的城市,在雅典西南100英里(约160公里)远的地方。该城市的音乐和舞蹈十分有名。[13]然而,苏格拉底宣称,最高级的音乐是哲学,即对智慧的追求。他从狄奥提玛那里学到的就是智慧。苏格拉底说:"在爱的问题上,这个女人是我的教师。"

许多人从这句话中听出了双重含义。但是,苏格拉底并没有详述,据说在场的人也没有嘲笑或质疑。不同寻常的地方是,我们发现在柏拉图的记录下,苏格拉底对着一群男性听众,把他的教导归功于一名女性。在柏拉图记录的接近30篇的对话中,这是一个几乎独特的情形。在另一篇(且唯一一篇)对话《美涅克塞努篇》(*Menexenus*)中,据说苏格拉底也是从一名女性(伯里克利的伴侣阿斯帕西娅)那里获得教导的。

狄奥提玛一般被认为是一个虚构的角色。她的名字的意思是"宙斯所荣耀的"(honoured by Zeus),而她的城市曼提尼亚似乎是为了让人想起"预言家"的希腊词汇"mantis"。[14]有人因此认为,苏格拉底在这里是把一种关于爱的深奥而神秘的教义归于一名充满真知灼见的女性。由于她的特殊地位,她知道其中的含义。虽然我们无法知道历史上是否真的有这样一个人,但是,在《会饮篇》中,苏格拉底确实把她与一项具体的历史行动联系起来。他说,"当雅典人为了逃避瘟疫而进行献祭时,狄奥提玛曾经代表他们,运用自己的智慧成功地延迟了瘟疫的到来,使其比原先晚了10年"。

这一奇怪的特殊宣言很少引起人们的注意。然而，由于瘟疫在公元前430年降临雅典，这个奇怪的联系会让人注意到公元前440年。那一年发生了什么？正如苏格拉底在文中提到的，瘟疫本应该在那一年发生。

公元前440年最显著的历史事件是伯里克利远征强大的萨摩斯岛。据说，这是在一直以来的竞争对手米利都（位于爱奥尼亚大陆）的请求下采取的行动。这一事件在以下几个方面臭名昭著。首先，据说伯里克利领导了这次征战。它引发了一系列陆上和海上的战役，以及长期的围攻，其残忍程度让人震惊。杜里斯（Douris）讲述了这个悲惨的故事。他是公元前4世纪晚期萨摩斯的统治者，并编写了一部关于自己国家的历史的书。他记录道，伯里克利在一次海战中打败敌人后，把萨摩斯的将军和士兵全部吊在米利都市集的十字架上示众。哲学家麦里梭（Melissus）可能就是伯里克利手下的受害者之一。麦里梭当时是萨摩斯舰队的一名将军，而且可能和苏格拉底有私交，二人在后者20年前去萨摩斯访问时相识。

杜里斯继续披露道，伯里克利建议，被吊在十字架上的萨摩斯人应该在10天后被乱棒打死，他们的尸体应该被扔掉，不用埋葬。这样一种行为在当时被视为冒犯了神灵。在迷信的希腊人看来，这无疑会招致神的报复。瘟疫就是神对这一僭越行径施加的惩罚。然而，这一后果并没有直接显现。但是，当瘟疫——伯里克利与他的两个儿子赞提帕斯（Xanthippus）和帕瑞拉斯（Paralus）成为感染者——在公元前430年降临雅典时，许多人必定认为，这是神对雅典人10年前在萨摩斯犯下的罪行的惩罚。

其次，伯里克利对萨摩斯无情的大规模攻击被广泛认为是为了取悦他的伴侣阿斯帕西娅。她的家族来自米利都，是萨摩斯的劲敌。希腊人对法语中"寻找那个女人"（cherchez la femme）这一观念的表达非常熟悉，即人们可以从事件和行为后面发现女人活动的影子。例如，最伟大的诗人荷马就把海伦作为特洛伊战争爆发的原因。当时的喜剧作家、阿里斯托芬的竞争对手科拉提诺斯和欧波里斯（Eupolis）以带有严重性别歧视的方式攻击阿斯帕西娅，认为她毒害了雅典的政治家，并用"妓女""狗杂种的妈妈"（一个外邦女人的孩子会被视为私生子）这些侮辱性的词语来描述她，并讽刺米利都是妓女的输出地。[15]伯里克利对这些侮辱的回应是，首次在雅典通过一项临时的审查令，禁止攻击在世的人。[15]

因此，柏拉图提到的那场延期到来的瘟疫，是否为我们解开狄奥提玛的真实身份留下了任何线索呢？《会饮篇》中的"狄奥提玛"会不会就是一个真实的人——阿斯帕西娅呢？公元前440年发生的事件无疑会让柏拉图的一些读者想到伯里克利围攻萨摩斯时阿斯帕西娅在其中发挥的作用，以及伯里克利对萨摩斯人执行的屠杀。这一罪行可能正好促使紧张的阿斯帕西娅去组织献祭来赎罪,以平息神的不悦。[17]

另一条线索存在于"狄奥提玛"这个名字的含义中。喜剧诗人(尤其是科拉提诺斯)经常用"宙斯"这一昵称来称呼伯里克利,这可能反映了一个很流行的用法。将伯里克利与诸神的领袖相提并论的目的是颂扬他的高超政治领导力,以及"像奥林匹斯诸神一样的"(Olympian)演讲能力。此外,他给予阿斯帕西娅的荣耀——这让喜剧作家称她为"赫拉",意思是"宙斯的妻子"——十分显眼。普鲁塔克记录说,伯里克利每天吻她两次,分别在离家和回家的时候。[18]在古代雅典人的生活中,这样一种行为非常独特。

回顾一下,这些有关狄奥提玛的线索不可能出错。柏拉图精心安排这些就是为了证明阿斯帕西娅——这个在《美涅克塞努篇》中被认作苏格拉底的老师的人物,就是那位充满智慧的女性。她在很早以前就向青年苏格拉底传授了他将要阐释的教义。毫无疑问,柏拉图正确地看到了阿斯帕西娅在萨摩斯事件及后续事件中的作用。但是,他为什么要隐藏她的身份呢?当然,掩盖得很浅薄,任何人只要愿意花一点心思,不为历史偏见所蒙蔽,就可以看出来。

虽然萨摩斯远征在伯里克利和雅典人看来是一次军事胜

利,但是,在苏格拉底和其他希腊人眼里,这次行动无疑也给伯里克利和阿斯帕西娅的人格留下了一个污点。为了避免这样一个污点影响读者对《会饮篇》中狄奥提玛关于爱的教义的看法,柏拉图不会直白地说阿斯帕匹娅就是该教义的原创者,尽管苏格拉底本人这样做过。

而且,在这个例子中,讨论的教义涉及爱的作用。它无疑会深刻影响青年苏格拉底的思想和行为,就像他经历的其他事情一样。这位哲学家置身于一个文学和诗歌的传统之中,其中包括荷马和悲剧作家讲述的神话,以及阿尔齐洛克斯(Archilochus)、萨福(Sappho)、阿那克里翁(Anacreon)和其他抒情诗人的爱情诗歌,这个传统认为爱在一个人的生命和活动中占据中心地位。苏格拉底关于一个人应该如何活着的哲学观点也会受到青年时期重要经历的塑造。我认为,这些重要经历中就有他和阿斯帕西娅的私交。后者被认为是当时最有口才的女性。尽管古今历史学家不以为然,但是,基于这些理由,她应该被视为古代最有智慧、最具影响力的女性。

赞美爱欲

《会饮篇》创作于公元前4世纪80年代,那时,苏格拉底已经去世十多年了。据说该对话描述的是几十年前的一个场景。我们不能认为,事件就发生在柏拉图创作的时候。当时可能有一场聚会,苏格拉底出席。我们无法确切地知道,是否真的有柏拉图所描述的这样一场讨论,以及细节是否真的就像柏拉图描述的一样。

柏拉图出生在公元前424年左右。因此,在举办会饮的公元前416年,他还是一个孩子。[19]当年,年轻、时髦而打扮美艳的雅典剧作家阿伽松在勒纳节上因自己创作的悲剧作品而获得第一名。勒纳节是在冬末举办的一个宗教节日。在狄奥尼索斯剧场,阿伽松的戏剧曾在成千上万名观众面前上演。这些观众来自阿提卡的各个城镇和乡村。由于举办勒纳节的时候,没有多少希腊人出海,因此,不同于公元前423年《云》在酒神节上演时的情形,没有多少外邦人参加这个节日的活动。

两天后,阿伽松的一伙朋友聚集在他的家里举办会饮,以庆祝他获奖。会饮的希腊文是"symposion",字面意思是"一起喝酒",而没有后来赋予的意义,即"座谈'。然而,柏拉图讲述道,参加会饮的每个人在过去的48个小时中已经喝了很多酒。一些人还没有完全从宿醉中恢复,其中一个叫埃里克西马克斯(Eryximachus)的医生则充分意识到过度饮酒的危险。因此,他们决定不再喝更多的酒,而把这个晚上用来演讲,颂扬爱情或厄洛斯(爱神),以及他所代表的一切。

为什么要爱?为什么要有厄洛斯?大多数参加所谓"对话"——尽管对话者交流的真实水平差异很大,但该术语在所有柏拉图的著作中都被用到——的人都是忠诚的朋友或情人。除了苏格拉底和喜剧作家阿里斯托芬,这些人都带着伙伴或密友一起参加晚宴。提出讨论这一话题的建议来自一个年轻人,他叫斐德罗(Phaedrus),是埃里克西马克斯的一个老朋友。他说道,爱神从未正式得到诗人和演说家的赞美,但是,他值得享受这一待遇。而且,斐德罗首先热情地发表了一番颂词。

在斐德罗之后,有6个参与者(包括阿里斯托芬)以严肃的或其他形式,轮流发表了他们的爱情观念。阿里斯托芬本人出席了这次会饮。这一事实说明,虽然他曾在《云》中嘲弄"苏格拉底"这一角色,但是,在现实生活中,两人(至少在后来)关系很好。在对话中,这位喜剧诗人对爱神的赞美采取了一种神话的形式。这一有趣的演讲构成了《会饮篇》中最令人难忘的发言。

阿里斯托芬说，人一开始是一种男女混合的动物。它们外表滚圆，又矮又胖，有着四只手和四条腿、两张朝着相反方向的脸、四只耳朵、两组生殖器官，等等。它们专横的力量让其目空一切，甚至想爬上天，攻击诸神。宙斯和其他神灵商量对策。他们不想毁灭人类，因为那意味着他们会失去所有的荣耀和献祭。于是，宙斯想到一个削弱人类的计划。他从中间劈下去，将人一分为二，就像用一根铁丝把煮熟的鸡蛋切开一样。当人被一分为二后，每一半都十分渴望另一半，拼命地想把自己重新嫁接到对方身上，但是，始终都无法成功。阿里斯托芬说，这种情况还在继续。我们每个人都是完整的人的一半，都在持之以恒地寻找和我们匹配的另一半。爱就是让我们努力恢复原始本性和重归一体的力量。

尽管阿里斯托芬的神话故事不无滑稽、可笑，但是，在表达爱意味着"寻找另一半"的观点时，他似乎指出了一个熟悉而充满诱惑力的真理。不过，如果人们揭示出其中的意味，一个不那么令人满意的爱的图景就出现了。首先，人们将注定无法寻找到爱，因为原始的另一半已经死亡，早就消失了。因此，今天的人们无法找到他们渴望的原始统一，而只能勉强适应另一个人。然而，或许更重要的是，爱的终极理想就是去寻找一个自己的镜像，这使得爱人重新回到一开始即遭到宙斯反对的那种无所不能的自恋之中。满足的爱人将只能模仿那一想象的原始的统一,而不是在一个独立、提出善意批评的爱人的影响下,朝着新的心理和精神方向成长。

就爱的重要性和力量而言,苏格拉底在发言中视为关键的东西与这一结果相反。苏格拉底说,他将不再仅仅讲述一个故事或似是而非的传说。他将讲述爱的真理,就像他曾经从狄奥提玛那里听来的一样。在柏拉图的记录中,这将听众引向一个神秘的核心。

按照狄奥提玛的说法,爱或许可以用阶梯这一意象来理解。最底层涉及对充满魅力的个人的肉欲。在美色的激励下,爱人通过与所爱对象发生关系、生育孩子来维持他们之间的爱。然而,当人们爬上更高一级阶梯时,所爱对象的本质就变了。爱的真正对象就不再仅仅是一具肉体,而是体现在这个人身上的善或美本身。这一特质让他值得被爱。狄奥提玛说,这一特质在爱人身上产生一种欲望,维持他与所爱之人的长久关系,永远不会死去。阶梯的最高一级向爱人呈现了善或美这些永恒的价值。在这一状态下,开明的人将超越物质世界,不再仅仅希望通过性交来生育后代,而是在他们所遇见的美的激励下,产生永恒的理念。

这一启示很可能被描述为一种神秘的东西。在试图解答"爱是什么"这一问题的诸多答案之中,柏拉图的《会饮篇》仍然是最富神秘色彩的一个答案。它产生了"柏拉图式恋爱"这一流行的观念。这一观念认为,最深沉的爱是一种不包含任何性关系的爱,尽管有人不这么认为。而且,自柏拉图创作出这一对话以来,它已成为几千多年来人们反复争论的主题。

柏拉图清楚地表明,他本人没有出席此次会饮。考虑到会饮的日期为公元前416年,柏拉图当时只是一个8岁的小孩。相反,他借阿里斯托德莫斯(Aristodemus)之口讲了这个故事。后者也不在场,但是,他从另一个在场的人那里听到了这个故事。这个人把故事也告诉了柏拉图的哥哥格劳孔(Glaucon)。这一巧妙的叙事距离给人们带来了以下疑虑:这个故事是否包含任何可靠的事实基础?它会不会只是一个虚构的故事?或许,《会饮篇》不应该被解读为苏格拉底或其他人关于爱的看法,而仅仅是柏拉图自己的解释。那么,真实的苏格拉底究竟是怎么看待爱的呢?

作为爱人的苏格拉底

虽然对于许多人来说,相对于正义、美好生活和对真理的追求,爱的话题不具有很强的代表性,无法完全反映苏格拉底的思想和经历,但是,对于其他人来说,各种形式的爱在苏格拉底的生活和工作中至关重要。一方面,我们可以在《会饮篇》中发现最全面、最著名的阐述;另一方面,爱也影响到苏格拉底在其贡献于哲学——其希腊文是"philosophia",意思为"智慧的爱"——的一生中,与朋友、崇拜者、信徒之间展开的无数次交流。

我们能否从承认苏格拉底是一个研究爱的哲学家转向承认苏格拉底恋爱了?这个短语的浪漫意蕴不可避免地会引起一些不确定的传记意义。它让我们想到,苏格拉底为某一个欲望对象或爱人魂牵梦萦。但是,柏拉图和色诺芬笔下的苏格拉底的形象告诉我们,他是一个爱情生活明显从属于更为崇高的伦理、哲学和教育目标的人。这些作家希望表明,正是和这些崇高追求联系在一起的活动,而不是任何更为私人或色情的追求,才导致那一让他声名鹊起的历史事件——苏格拉底的审判和死亡。

然而,柏拉图同样记录道,苏格拉底宣称自己"一直在恋爱",而色诺芬笔下的苏格拉底也说,"如果没有和某人恋爱,我就无法说出一个时间"。这些声明和其他证词一起表明,苏格拉底并非不解风情。两位作家都记录了,苏格拉底深爱着一个人,即年轻而英俊的亚西比德。苏格拉底比他大20岁,并且在他很小的时候就认识他了。柏拉图的《普罗泰戈拉篇》

(*Protagoras*)中记录了,当时是公元前435年,亚西比德大约15岁,苏格拉底34岁,但是,他们两人早已互相认识好长时间了。在《会饮篇》中,亚西比德(时年30多岁)悲伤而果断地否认苏格拉底曾经是他的爱人,除了精神层面。正是这里,我们可以使用"柏拉图式恋爱"这一术语。然而,这种主张清楚地说明了这一点,即会饮的参加者(以及《会饮篇》的读者)将发现,苏格拉底的所谓禁欲是一件令人奇怪的事。[20]

很难找到苏格拉底和其他人恋爱的细节。在柏拉图的《卡尔米德篇》(*Charmides*)中,我们的确读到有一个叫卡尔米德(Charmides)的俊美青年一度是苏格拉底的迷恋对象。在那里,柏拉图写道,苏格拉底看到卡尔米德的裸体时,一下子就被原始的肉体欲望占据。但该瞬间立刻让位于一种深刻的思想和哲学的交流:一场关于自我控制的讨论恰好成为对话的主题。

那么,赞西佩是不是苏格拉底的一个迷恋对象呢?据说她的名字反映了她和雅典的阿尔克迈翁家族领导人伯里克利的联系。伯里克利的父亲名叫赞提帕斯,与他的长子同名。如果确实如此,那么,赞西佩出身高贵,可能还带来了一批嫁妆,帮助苏格拉底度过了晚年。根据柏拉图的证词,她是苏格拉底的三个孩子索福里斯库斯(Sophroniscus)、门内克西纳斯(Menexenus)和朗普克洛斯(Lamprocles)的母亲,并一直陪伴苏格拉底到死。传记作家通常把赞西佩描绘为一个活泼而严苛的女性,后来的作家甚至用一些歧视女性的话语来贬低她,比如"泼妇"。然而,苏格拉底只可能在50多岁时才遇见赞西佩,时间可能不早于公元前416年。那时,赞西佩不超过20岁,因为苏格拉底在17年后死去时,她手里还抱着婴儿朗普克洛斯。[21]无论苏格拉底对赞西佩怀有什么情意,这都不是那种能改变其生活和思想的青年的爱情。

此外,柏拉图的叙述似乎是为了美化苏格拉底婚姻状况的棘手现实。来自亚里士多德和亚里士多塞诺斯的权威资料显示,这位哲学家结过两次婚。另一些人甚至指控他重婚,认为有一个叫米尔托的女人与他和赞西佩生活在一起。米尔托是莱西马库斯(Lysimachus)的女儿,后者是苏格拉底父亲的一个密友,来自阿诺普克。历史学家普鲁塔克记录了一个无罪的解释,即因为米尔托是一个寡妇,并陷入了贫困,所以苏格拉底和赞西佩只是让她借住。[22]苏格拉底和米尔托年纪相仿,而且都来自阿诺普克,很可能从童年就相互认识。

亚里士多德和他的学生亚里士多塞诺斯都声称,苏格拉底娶了米尔托,并且有两个儿子,即索福里斯库斯和门内克西纳斯。如果没有正当的理由,那么两位作家的叙述不会与柏拉图的相冲突。亚里士多塞诺斯继续说道,赞西佩——他将其称为"一个女性公民,但来自平民阶级"——很晚才和苏格拉底相交,她是最小的孩子朗普克洛斯的母亲。[23]因此,来自贵族家庭的米尔托可能是苏格拉底唯一合法的妻子,并且是两个大一些的孩子的母亲。[24]

然而,在柏拉图的《申辩篇》中,苏格拉底说,他有"三个儿子,其中一个已是青年,另外两个还是孩子"。[25]如果说柏拉图试图篡改事实,以便可以用一种同情的笔调来呈现他的老师,那么,暗示苏格拉底有三个年轻的孩子,并避免提到他和出身高贵的米尔托之前的婚姻,就说得通了。

无论如何,考虑到苏格拉底哲学式的生活方式,他几乎不可能勤勉且热情地履行抚养义务或婚姻责任。如果说苏格拉底在米尔托成为寡妇(许多雅典男人年纪轻轻就在战争中死了)之后就娶了她,并且育有两个孩子,那么,这就可以解释为什么她给人们留下了这一印象,即"贫穷的老寡妇",并和苏格拉底住在一起。在这一情形下,她可能和赞西佩被混在一起了,因为一个来自亚里士多塞诺斯的故事告诉我们,这两个女人经常互相吵架,然后停下来责骂只知道笑的苏格拉底。[26]于是,没过多久,可能是在米尔托死后,赞西佩就变成了苏格拉底唯一的伴侣,并且生了最小的儿子朗普克洛斯。[27]但是,不管苏格拉底是在年轻时,还是在年老时娶了米尔托,我们都无法知道苏格拉底对她的情感。

这里同样存在"房间里的大象"*的问题。尽管柏拉图和色诺芬用充满爱意和崇拜的笔调描写苏格拉底,但是,两人都强调,他们认识的这个男人丑陋无比。为了与他们的描述相一致,许多古代留存下来的雕塑和绘画作品都证明了这一印象:苏格拉底的样貌往好里说,一点也不讨人喜欢;往坏里说,奇丑无比。古代的半身像把他描绘成翘鼻子、宽眼睛,一头蓬乱的头发围绕着秃头顶。其他的雕塑像则增加了一具矮胖的身体,使其看起来膀大腰圆。无论是否正确,这些形象肯定不是引起爱意或欲望的原因。然而,具有这样一副外貌的人却能够创造强烈的情感关系,甚至凭借他的魅力和伟大的内在美拥有强烈的情欲吸引力。这一事实本身就是一个悖论。在《会饮篇》中,俊美的亚西比德有力而出色地阐述了这一点。然而,许多读者肯定无法被说服接受,作为爱人——这个词汇最直白的意义——的中年或老年苏格拉底有值得赞赏的地方。我们需要回顾一下他的早年,以便找到一个更合理的解释。

　　甚至崇拜苏格拉底的学生们都这样描述他:这个雅典男人健壮,充满了爱欲。比如,根据柏拉图的说法,在瞥见年轻的卡尔米德的裸体之后,苏格拉底就被"肉欲"攫住了。信徒之一斐多也说道,苏格拉底对女人充满了迷恋。因此,这个男人在

---

* 一个英国谚语,指存在某个显而易见的问题,但是该问题遭到人们刻意的回避或忽视。——译者注

年轻的时候很可能就经历了与男、女之间的情爱。[28] 见证过苏格拉底早年生活的人们（比如阿里斯托芬）对他的丑貌保持沉默，这也反映了苏格拉底并非像后人描述的一样，总是样貌奇丑。到了中老年，即使是一些活跃而健壮的人也会下巴变宽，掉头发、肌肉萎缩，体重增加。例如，亨利八世年轻时俊秀而健壮，但是，当他40多岁在一场竞技中受伤之后，便变得消沉，逐渐肥胖。在想象青年时期的苏格拉底时，我们没必要听信柏拉图和色诺芬提供的"丑陋爱人"这一形象。

一个公元前4世纪的演讲家提到雅典人对性关系的一般看法："我们可以找妓女来享乐，让情妇每天呵护我们的身体，和妻子生育合法的孩子。"[29] 一份较晚时期的资料显示，苏格拉底年轻时在情欲上比较放纵，之后才踏上一条更为审慎的学术研究之途。[30] 极为可能的是，早在和米尔托结婚，并和赞西佩同居之前，情欲过度的苏格拉底就常常混迹于情场。和早年的他纠缠在一起的一定是一些年纪相仿、地位相近的人。

因此，为了找到苏格拉底恋爱的例子，我们应该诉诸有关他青年时期经历的叙述。根据一些直接或间接的证据，当时，他是一个技艺高超的舞者、强壮的战士和活跃的花花公子。从那里，我们可能找到某个青年苏格拉底（以一种符合当时社会环境的方式）"迷恋"的人。我们可能发现，他甚至经历过那种恋爱，即促使苏格拉底走上一条以全新的方式去思考爱本身，以及人类生活和行为中的其他重要方面的恋爱。这种思考在他的晚年生活中占据了重要地位。

传记作家为了说明苏格拉底被处死是不公正的，或者出于所谓的辩护目的，经常以相反的方式讲述苏格拉底的故事：在进入苏格拉底的早年生活之前，往往先从他的审判和死亡开始。[31]关于苏格拉底生命的最初十年，这些传记和其他资料提供的已有事实少得可怜，而且很少经过详细核实。然而，重要的是，柏拉图提供了一个在苏格拉底的生平中可以确定日期的最早事件，它描写到一个行动片段，而不是思想。

在《会饮篇》中，包括医生埃里克西马克斯、阿里斯托芬和阿伽松在内的众多参会者都发表了关于爱的演讲。其中一个叫保萨尼亚斯（Pausanias）的发言者说，爱意味着随时准备为所爱之人付出生命。在苏格拉底发表了狄奥提玛的见解之后，事情发生了一个意想不到的转变。苏格拉底的朋友兼崇拜者亚西比德闯入会饮。看到苏格拉底在场，亚西比德发表了一段充满激情的溢美之词——不是称颂爱，而是称颂苏格拉底。虽然他的发言描绘并称赞了苏格拉底而不是爱神的品格，但是，考虑到对话的性质，柏拉图的目的似乎是通过亚西比德的眼光来表现苏格拉底正是爱的化身。

在亚西比德生动地称赞了苏格拉底在服兵役期间表现出

来的坚毅之后,我们了解到,苏格拉底在公元前432年发生的一场战役中救了亚西比德一命。在柏拉图记录的苏格拉底的生平中,这个事件是一个最为戏剧性而积极的瞬间。

一些读者由此推断,这次差点儿在战场中失去挚友的经历构成了苏格拉底的生活和思想中一个重要的转折点。[32]事实上,柏拉图关于这次成功拯救的叙述并没有为这一结论提供支撑。相反,《会饮篇》表明,37岁的苏格拉底很久以来就被视为一个非比寻常的思想家,他不关心爱情、物质或名望上的成就。任何认为他发生了从军旅生活到哲思生活的"战场转换"的观点,都是和苏格拉底后来不断参与军事战役的事实相悖的。然而,这一故事片段提供了一个研究历史上的苏格拉底的有用的角度。我们可以从这里回溯或前进,发现一个更加完整的故事,以揭秘这位哲学家的生活和恋爱,并找到他转向哲学(其灵魂中最重要的旅程)的真正理由。

第二章

战士苏格拉底

如果你们想知道苏格拉底在战场上表现如何，就让我来称赞他吧，这是他真正应得的荣誉。

波提狄亚拯救

雅典军队花了大约1个小时才与据阵地,把自己部署在靠近波提狄亚的战场上,迎面是敌人的军队。重装步兵排成密集的编队,右手握着长矛,左臂绑着圆盾,时刻准备保护自己和同胞以躲避刀剑和飞弹。3000人组成的武装力量分布在整个平原上。

在卡利亚德(Calliades)之子卡利亚斯(Callias)将军的领导下,号角吹响,军队伴着风笛手吹奏的行军曲调有节奏地向敌军防线推进。步兵们呼出的气息升腾到凛冽的空气中。虽然他们都是久经沙场的战士,仅在这次战争中就已经历过几场战斗,但是,面对即将来临的战斗,没有人不感到战栗。

苏格拉底在中央部队的左前方,伴着风笛手的节奏有序前进。虽然他的脸上没有任何表情,但是,每个感官都高度警觉。他想如果注定要死,那就顺其自然吧。但是,他不认为时候已到。他更担心的是他要保护的亚西比德。他用余光看到亚西比德在部队右翼。这个年轻人直往前冲,内心充满了骄傲和激动,由于得到战友的钦佩,他振作了起来,极度渴望战斗和荣耀。苏格拉底多次要求他必须守住防线。这是他的第一次战斗,但是绝不能成为最后一次。虽然亚西比德敏捷而勇敢,但是,他对同志们和爱他的许多人负有义务,不把自己和战友暴露在危险之中。

在卡利亚斯的指挥下,右翼部队加快了步伐,因为他们已经接近敌人前线。当来到10码(约9米)之内时,他们发出刺耳的喊叫声,拿着长矛,视死如归地向前推进。上百支长矛的碰撞声和嘈杂的人声混合在一起。一些人立刻就找到目标,人群中响起一阵尖叫。随着一声巨响,军队猛烈地冲进对方的盾阵,就像雅典军队左翼前侧的盾阵首先遭到敌人的猛攻一样。不到几秒钟,冲在前头的以金属盔甲武装身体的雅典重装步兵已经深入敌方防线。一阵刺耳的碰撞声和宣哗声响起,士兵们一边恐惧地尖叫着,一边勇猛推进,和对方混战,用短剑来清理道路。

对于深陷这场战斗之中的士兵们来说,接下来的混乱似乎是漫长的。事实上,这场战斗总的来说持续了不到1个小时。那时,雅典军队已经成功包围了敌方力量,于是,右翼的重装步兵能够回过头来,攻击后排的敌人。他们以铁一般的纪律保持着紧密的队形,在行进的过程中锻造了一个坚不可摧的前锋,并杀死了一切抵抗之敌。

当敌人开始掉头逃跑时,打破阵型的渴望变得极为强烈。就在那时，一股被胜利冲昏了头脑的野性席卷了这些成功的攻击者。他们忘记了严厉的命令和长期习练的军事纪律。当处于劣势的波提狄亚人在雅典人的猛攻之下纷纷逃窜时，亚西比德的前方出现了一个缺口。当苏格拉底看到这位年轻的朋友脱离队形，孤身突进，追击敌人时，他吓得气喘不已。他喊道："亚西比德，回来！"但是没有任何用。尝到战争甜头的青年带着一股脑儿的凶残奋力追击，下决心要砍倒一大片逃跑的敌人。

在防线的中部，波提狄亚人的盟友科杯斯人在将军亚里士多斯（Aristeus）的领导下正在战斗。突然，雅典军队中发出一声喊叫。卡利亚斯被敌人的剑刺倒，鲜血从他的脖子涌出。当雅典步兵重组并继续进攻时，他们立即做出报复性的回应。此时，苏格拉底仍在关注亚西比德，后者已经脱离连队，忘记了危险。苏格拉底再次绝望地喊道："亚西比德，快回来！"但是，已经太晚了。他惊恐地看到，一个敌方士兵冲向他的朋友，从上面攻击他。亚西比德弯腰躲过，然后迅速起身。他耍出一个熟练的皮洛士舞蹈动作，右脚一转，然后朝敌人砍去，将敌人打倒在地。其他波提狄亚人现在开始转向，他们从这个自负而孤立无援的战士身上看到一丝胜利的希望，很快就打倒了这个自负的、没有任何支持的斗士。一根长矛落在亚西比德的头盔上，他消失在拥挤的人群中。

"守住防线，苏格拉底！"拉凯斯（Laches）向右边喊道。

他看到苏格拉底畏缩不前，转向亚西比德消失的地方。苏格拉底迟疑了一会儿，向周围看了看，评估局势。他的队伍现在正向胜利推进，并慢慢往左边绕过去，而步兵们则在自觉地掩护他们的战友。很快，他们就会走出亚西比德可能已经战死或受伤的这片区域。

"我要去救亚西比德，"他喊道，"快封锁我后面的防线。"拉凯斯喊道："别管他了，待在你的队伍里！"苏格拉底苦恼地噘起嘴唇，扫视着撤退中的波提狄亚人。他根本看不到亚西比德的影子。"走！"一个严厉的声音飘进他的头脑。这声音如此之大，就像拉凯斯直接对着他的耳朵在喊。苏格拉底不再犹豫。在战友的惊叫声中，他脱离了自己的队伍，在前方拥挤的人群中移动着自己的身体，一边恐吓地挥舞着剑，一边用盾牌把敌人推开。

亚西比德半清醒地躺在地上，他的头和盔甲上沾满了土和血。打倒他的一击救了他，使他免受敌方士兵的致命攻击。苏格拉底让他靠在自己的膝盖上，然后左右观察，躲避可能的攻击。幸运的是，没有人注意到他们。苏格拉底看到亚西比德的剑躺在地上，连忙把它捡起来，并夹在一只胳膊下面。精美的盾牌仍然绑在这位倒下的战士的左臂上。[33]苏格拉底把它放在亚西比德的胸前，然后跪下来，把他的身体抱在护臂和胸膛之间。他慢慢站起来，将这个软弱无力的人抬离地面。他把两副盾牌放在面前，左右怒视着，同时慢慢向雅典军队后退。亚西比德安全了，他将活下来继续战斗，他的剑和盾都完好无损。[34]

历史背景

这场短促而紧张的战斗最后以150名雅典步兵战死（其中包括卡利亚斯）、数十人受伤而结束。波提狄亚人及其盟友的死亡人数是它的两倍。在接下来的日子里，贵族青年亚西比德［克利尼亚（Cleinias）之子和伯里克利的守卫］将因为战场上的英勇而受到称赞和奖赏。他在这第一次战斗中将以一个勇敢的战士的身份而闻名。苏格拉底可能不安地意识到，为了救他的朋友，他曾让战友们身陷险境。因此，他加入称赞这位青年的队伍之中，并拒绝为自己的行为邀功。

在波提狄亚战役中拯救亚西比德的行动是柏拉图最早把苏格拉底生动地引入历史舞台的时刻。这位哲学家此时将近40岁了。为了平息希腊北部城邦波提狄亚的叛乱，雅典领导人伯里克利发动了这场战争。当苏格拉底和第一次上战场的亚西比德一起参战时，他已经是一个坚定而阅历丰富的战士。

这场爆发于公元前432年的雅典军事远征发生在冰冷广阔的色雷斯沃德（Thraceward）地区。这场远征的目标是征服波提狄亚，这座城邦位于北方遥远的哈尔基蒂斯半岛的西部。但是，这场战争最终变得漫长而令人沮丧，涉及一系列举棋不定的战役，持续了将近三年。这次行动后来被看作伯罗奔尼撒战争的序幕。这场著名的战争开始于公元前431年，并断断续续地持续到公元前404年。战争一方是雅典及其盟友，另一方是斯巴达、科林斯，以及其盟友伯罗奔尼撒。

我们对伯罗奔尼撒战争及其成因的了解几乎完全依赖于修昔底德（Thucydides）的《历史》（*History*）。他是一名流放的雅典将军，欧洛鲁斯（Olorus）之子。修昔底德在他的著作中根本没有提及苏格拉底，但是，伯里克利和亚西比德在他的著作中却十分显眼。修昔底德肯定认识苏格拉底，在一些地方，他的著作一般被认为反映了苏格拉底的智识影响。[35]他很可能知道，在其笔下的诸多战役中，苏格拉底都曾作为一名重装步兵出战。

就像二战的起源可以追溯到一战令人不满的后果，伯罗奔尼撒战争同样起源于之前的一次重要冲突，即公元前490年和公元前480—前479年的希波战争。公元前479年，普拉提亚战役失败后，波斯入侵者撤退。之后，雅典承担起保护希腊国家免受未来波斯入侵的责任，并获得领导权。该同盟在提洛岛正式建立,被(现代学者)命名为"提洛同盟"。作为该联盟的成员,像波提狄亚这样的希腊城邦每年要交一次税。这在希腊语中叫作"phoros",意思是"贡赋",形式可以是货币、船只或军队。

流入的黄金、白银和其他贵重物品一开始保存在提洛的国库里。但是,25年后,即公元前454年,在伯里克利的命令下,国库移至雅典,据说是为了避免国库落入波斯人的手中。雅典明显是想从这些资金中获得大量利益,比如,伯里克利在公元前450年左右一手推动的宏伟建筑项目卫城就动用了其中一笔资金。[36]

公元前432年,雅典人为什么要跑到400英里(约644千米)外的希腊北部战斗?他们的目标是波提狄亚。就像同盟中的其他希腊城邦一样,波提狄亚渐渐对雅典施加的经济负担不堪忍受。波提狄亚和母邦科林斯保持着友好关系。马其顿统治者帕迪卡斯(Perdiccas)担心雅典觊觎这一地区,可能怂恿了波提狄亚退出同盟。试图退出同盟的城邦会被雅典人视为敌人,遭到严酷的镇压。波提狄亚将成为雅典不断扩张的帝国统治的最新受害者。

通向战争之路

波提狄亚由伯罗奔尼撒半岛（包括希腊最南端广阔的半岛）的科林斯移民于公元前7世纪末建立。这一城市的命名是为了纪念海神波塞冬（Poseidon）。他在科林斯方言中为"Poteidan"，一个叫"Poteidaiad"的城镇也是由此而来的。按照历史学家使用的标准用语（可能产生误导），它是科林斯的一个"殖民地"（准确地说是"卫星城"，字面意思是"家以外的家"）。考虑到它是提洛同盟的一员，这一点有些让人惊讶，因为公元前5世纪时，波提狄亚还在受母邦科林斯每年派出的地方行政官管理。到公元前432年，雅典将这一情形作为一个争议的焦点提出。

差不多半个世纪之前，即公元前479年，四周由厚城墙保护的波提狄亚受到撤退的波斯军队的围攻。时任统领是波斯国王薛西斯（Xerxes），他从亚洲进军希腊，在普拉提亚战役中被击败。围攻期间，该城居民和他们的敌人经历了一场史无前例的事件。波提狄亚——这座献给伟大海神的城市——被一场巨浪吞没。从历史资料看,这是最早记录的一次海啸。

不同于希腊人,大多数波斯士兵都不会游泳。[37]在其他情形下,这看上去像是一次沉重的打击。但是,在波提狄亚公民看来,这是一次神的解救行动。在成百上千名波斯士兵被淹死后,敌方首领取消了这次围攻。这座城市幸运地摆脱了外国军队的占领和毁灭。充满悲剧性反讽的是,这样一种命运几乎不会比波提狄亚公民半个世纪后(公元前430年)在他们的希腊同胞雅典人手中遭受的苦难更糟。

希波战争之后,雅典与所谓盟友之间的敌对关系没过多久就开始浮出水面。当纳克索斯居民在公元前471年左右试图脱离同盟时,雅典就征服了他们,并迫使他们毁掉城墙。公元前465年,临近色雷斯海岸的萨索斯岛叛变。但是,在被围攻两年后,它便向雅典将军基蒙(Kimon)投降了。在这之后的二十年里,由斯巴达领导的伯罗奔尼撒诸城邦在一系列血腥的战役中通过海运和陆运向雅典的敌人提供支持。其中包括公元前447年的喀罗尼亚战役。在这场战争中,亚西比德的父亲克利尼亚被杀死。这些大大小小的摩擦在公元前433年的夏天发展到了一个顶峰。当时,围绕科林斯的另一座卫星城科西拉(这个强大的城邦位于现在的科孚岛)的状况,科林斯和雅典产生了争议。最后,科林斯在一场毁灭性的海战中打败雅典。

鉴于波提狄亚与母邦科林斯的密切关系，为了防止它脱离雅典同盟，伯里克利先发制人，命令一支军队经海路北上。他派遣了30艘船只和1000人，同时要求波提狄亚开除每年来自科林斯的行政官，拆毁部分城墙，向雅典提供人质示好。波提狄亚拒绝了这一要求。在尝试谈判失败后，波提狄亚说服科林斯提供一支军队来保护它，并正式退出与雅典的同盟。40天后，在一位科林斯将军的领导下，2000人到达色雷斯沃德地区。科林斯和雅典之间的这场代理人战争拉开了序幕。

战斗的哲学家

为了反击到达波提狄亚的科林斯军队，在卡利亚德之子卡利亚斯的领导下，雅典于公元前432年派出第二支由40艘船只和2000人组成的军队。苏格拉底很可能在这支军队中。当时，他快40岁，而亚西比德19岁。一到达雅典军队刚刚攻下的马其顿地区的塞尔马（Therma），即今天的塞萨诺尼基所在地，他们就发现，敌人已经撤退到皮德纳（Pydna）。于是，雅典军队包围了这个城市。

波提狄亚得到了邻近的马其顿统治者帕迪卡斯国王的支持。他的军队阻断了卡利亚斯领导的雅典军队，把他们控制在前往波提狄亚路上的马其顿地区。雅典最终放弃了对皮德纳的包围（围城在古代战争中几乎都会成功）。在最后进军波提狄亚之前，联合军队（苏格拉底和亚西比德也在其中）成功地袭击了马其顿地区的庇哩亚（Beroea）和斯特瑞普萨（Strepsa）。

公元前432年的夏天，敌方军队与他们打了一场对阵战。正是在这场战争中，苏格拉底将亚西比德从敌人的重重包围中拯救了出来。重装步兵的准则要求，在战场上，站在士兵右侧、左臂绑着大的圆形盾牌的重装步兵必须尽可能地保护左边的战友。这些盾牌形成了一道防御长矛和弓箭的防线。步兵必须无条件遵守纪律。然而，战争的变化也给步兵个人带来了脱离防线的巨大压力，即要么逃跑，躲避迎面而来的敌人，要么在看到敌人防线开始瓦解时，挣脱队伍去追击敌人。

为了证明自己的勇猛，热血、冒进的亚西比德在混战中忍不住去追击逃跑的敌人，这一点很符合我们对这位青年性格的了解。如果是这样的话，他脱离队伍的行为将给战友带来危险，这一点不仅对其他人，而且对他自己来说都可能是致命的。我们可以想象一下，敌人防线没有瓦解，而是重新集结，这会让独自一人且受了伤的亚西比德面临一圈全副武装的敌人。当紧守阵线的苏格拉底看到亚西比德处于危险之中时,肯定会充满恐惧。

对于一个严守纪律的战士来说,不惜脱离队伍去拯救他的朋友,这肯定是一个艰难的决定。然而,从亚西比德的口述来看,救他脱离敌军的唯一途径就是苏格拉底闯入敌方阵营。在柏拉图的叙述中,亚西比德在讲述苏格拉底的英勇行径时,一味地称赞,而非质疑。在这场血腥的战争中,亚西比德幸运地没有受伤死去。或许,拯救他的是头部受到的那一击,这让他倒在地上。在他自己心血来潮的想象下,苏格拉底将他抱起,让他脱离危险,把他和他的贵重铠甲带回到雅典的安全防线一边。

苏格拉底后来之所以愿意让他的年轻朋友独自享受聚光灯,可能和他的这一认识有关,即个人荣誉再怎么受到人们的敬重,也会因此牺牲他不愿再付出的代价。许多年轻的雅典重装步兵都怀有在战场上成为一个英雄的抱负。苏格拉底在军事和哲学上的经历表明,对于他来说,英雄主义在许多方面都是他倾慕和渴望的对象。然而,在这一阶段,军事英雄主义已经不如道德主义有吸引力,尽管他不得不承认,当时仍处于少年时期的亚西比德不会接受这一观点。

围攻的目标

波提狄亚战役是一场短暂而胜负不明的战争。虽然波提狄亚人的死亡人数是雅典人的两倍,但是,大多数波提狄亚人还是撤退到仍然完好的城墙后面。雅典人继续围困波提狄亚长达两年。

公元前430年,雅典派出一支援军帮助围城。雅典将军克里奥彭帕斯(Cleopompus)和哈格农(Hagnon)随行带了大量攻城槌,这是一种用来攻破城墙的类似大炮的发明物。我们在希腊战争史中第一次知道这种东西。[38]这支新的军队从雅典带来了更为致命的东西——瘟疫。

在公元前431年战争爆发之后,由于斯巴达入侵阿提卡地区,雅典成为成千上万乡民拥入的临时避难所。在肮脏且过于拥挤的条件下,雅典人民遭受了一场严重的瘟疫之苦。修昔底德详细地描绘了它的可怕症状。一些现代研究者认为这是某种伤寒。[39]一些在公元前430年到达波提狄亚的士兵带来了这一疾病,于是,它迅速地席卷了整个军营。克利尼亚(与亚西比德的父亲同名,但不是同一人,很可能是同一家族成员)之子克里奥彭帕斯将军和他的军队也被疫情打垮。不到数周,驻扎在波提狄亚的雅典士兵就有超过1000人死于瘟疫。于是,哈格农带着剩下的倒霉军队乘船返回雅典。

尽管遭受了这一令人沮丧的挫折,但滞留当地的雅典人(其中可能包括苏格拉底和亚西比德)仍被要求继续围城。在被围困的波提狄亚城里,境况变得十分可怕。最后,库存的食物被耗尽,波提狄亚人在吃掉他们所有的储备、农作物和牲畜后,不得不吃同胞们的尸体。[40]

公元前430年冬天,饥饿的幸存者最后向雅典人投降。瘦骨嶙峋的波提狄亚人被流放到该地区的邻近城邦。修昔底德记录说,男人被允许携带一件大衣和小额钱财,而女人则被允许带走两件衣服。雅典人远征的目标在形式上得到实现,但是,对于这场漫长的战争来说,这看上去像是一个悲惨而不幸的结局。

从军的苏格拉底

雅典人及其盟友(其中包括爱奥尼亚诸城邦)在波提狄亚

的营地一直逗留到公元前429年夏天。很可能正是在夏天这段时间,亚西比德见证了一种经典的苏格拉底式行为。在《会饮篇》中,柏拉图笔下的亚西比德说道:

一天清晨,苏格拉底沉浸于某个问题,站在原地思索。他无法解决这个问题,但是,他不愿放弃。他就站在那里,努力思考。到了中午,许多士兵看到了他,惊奇地告诉彼此:"苏格拉底从黎明开始就一直站在那里沉思!"

当夜晚来临时,他仍然站在那里。晚饭后,一些爱奥尼亚人把褥子和毛毯搬出来,准备在凉爽的地方睡觉(当时是夏天)。他们就待在那里,想看苏格拉底是否能熬到天亮。

他一直站在那里,直到黎明来临,太阳升起。然后,他向太阳神祷告,并离开。

苏格拉底向太阳神(赫利俄斯)祷告的细节清楚地表明,他在按照传统的希腊宗教仪式活动。作为一名思想家,苏格拉底经常被人与自然哲学家联系在一起,比如克拉佐门尼(Clazomenae)的阿那克萨戈拉(Anaxagoras)。阿那克萨戈拉主张,太阳是一个物理事物,而不是某个神。对于许多希腊人来说,这种观点是亵渎神灵的。柏拉图从未忘记苏格拉底曾被不公正地判处死刑，理由就是"不尊敬雅典的神"。这里，他可能在巧妙地提醒读者，苏格拉底是一个传统意义上的虔诚的人。

对于苏格拉底的战友和柏拉图的当代读者来说，向太阳神祷告这一行为完全是正常的。但他们可能会对苏格拉底整晚站立不动感到不舒服。正如我们看到的一样，这正是苏格拉底十分出名的原因。这似乎符合苏格拉底个性的其他方面，它们让他显得如此与众不同。例如，一个经常用来形容苏格拉底的词是"atopos"，意思为"古怪的"或者"非常规的"（字面意思是"不在原地"）。然而，连续几个小时站立不动的行为看上去太极端了，以至于无法完全被视为一件出乎理性选择的事情。把它看作某种潜在的生理学或心理学症状，才是合理的。

然而，意外的是，除了亚里士多德学派的某个作家，没有一个古代作家提到，苏格拉底曾被任何医学疾病所折磨。这个作家暗示，他的身体症状来源于忧郁症。[41]苏格拉底的主要传记作者都十分热爱他。他们倾向于带着敬意来看待他的行为，并把这些沉思的片段看作苏格拉底献身于心灵生活的一个表现，甚至认为他受到了神的启示。[42]然而，近年来，这些症状得到了医学分析，包括全身僵硬症。如果是这样的话，苏格拉底很可能从早年起就经历着这种状况。他或许已经意识到，这会导致观察者用小心翼翼（如果不是厌恶的话）的眼光看他。对于和他同属一个阶级的雅典女孩来说,这肯定会使他成为一个不是那么招人喜欢的结婚对象。

最后的战役

在柏拉图的《卡尔米德篇》(该篇的背景是苏格拉底服役完,从波提狄亚返回雅典)中,苏格拉底把他在波提狄亚经历的最后一战描述为一次"激烈的战役",即斯巴托勒斯战役。[43] 公元前429年,波提狄亚的雅典人迎来另一批由2000名雅典士兵组成的驰援队伍。战争重新开始。由于假情报说,斯巴托勒斯的内部人士将出卖该城,于是,雅典人向该城邦进军,并烧毁了边郊的田地和果园。然而,来自邻近城邦的军队迅速赶来保卫斯巴托勒斯。其中包括骑兵和投石兵。他们以致命的效率成功地击退了雅典军队。雅典在这场战役中死亡400多人,战场上的所有将领都被杀死。

斯巴托勒斯战役是这场战争中的最后一次行动。之后,厌战的雅典人和波提狄亚签订了休战协议,埋葬死者,并返航回到雅典。苏格拉底和亚西比德将在公元前429年夏末的某个时间回家,此时,他们已经离家长达3年。他们发现,雅典及其周边城邦处于一种悲惨的境况。城市的中心地区挤满了来自乡下的难民。男人和女人、奴隶和自由公民、老人和少年仍然遭受瘟疫的折磨,街上堆满了尸体,人们将其填埋在匆忙挖的坑里。由于斯巴达人的入侵,邻近的田地和果园一片衰败。[44]

一个人如果没有强大的意志,在面对这些悲惨的境况时,就很难再去从事哲学。苏格拉底不是这样。在《卡尔米德篇》中,苏格拉底十分快活,并没有被战争之中或之后的经历所吓倒。从上面关于他的军旅经历的叙述来看,很明显,思想家并不是我们应该塑造苏格拉底的唯一的形象。在波提狄亚和其他地方,他都表现为一个让人印象深刻,甚至充满英雄气概的实干家。他的另类视野同样明显地表现在这一点上,即尽管独自将亚西比德从战场的重重包围中解救出来,但他仍然选择不去注意这些活动。

正如我暗示的一样,苏格拉底这么做的部分原因是他怀有一种内疚感:当初,他置其他战友的安全于不顾(一些人可能因为他的个人主义行动而丧生),而选择去拯救亚西比德。或许,还有部分原因是他想让雅典人以及(更重要的是)伯里克利和阿斯帕西娅从年轻的亚西比德在战场上的英雄事迹中获得骄傲和安慰。毕竟,他们对亚西比德为了个人荣誉而脱离队伍的行为颇为不满。不同于亚西比德,苏格拉底明显不关心(或不再关心）从战场上获得英勇的称号。而当时大多数雅典人对此颇为热切，希望从中获得认可、倾慕和铭记。

实干家

亚西比德的证词表明，即使是在寒冬，苏格拉底也对身体上的不适不予注意，这一点给他的战友们留下了深刻的印象，甚至遭到他们的嫉恨。在他的早年，苏格拉底肯定训练过自己忍耐严酷条件的能力。有人可能将他的力量与他年轻时从事的活动联系在一起。他的父亲索夫罗里斯库斯（Sophroniscus）被描述为一名"石匠"。然而，苏格拉底的早年教育和作为重装步兵服役的事实都说明他的家境还是比较殷实的。鉴于此，索夫罗里斯库斯可能拥有一份雇佣石匠和雕工的产业，而非仅仅是一个贫穷的工匠。

苏格拉底在家族产业中接受过艰苦的训练，其中可能包括在采石场凿石、把石头运输到雕刻作坊。除了这些工作，苏格拉底的重装步兵训练——穿着笨重的盔甲进行军事演习——大大增强了他的体力和机敏性。古代军队在行军时，一般会跟有后勤部队,其中一些负责搬运燃料,比如燃煤和火盆里的炭,以及火种和干木头。[45]火主要用于军事目的,比如点燃敌方的营地和粮草。当在极寒的条件下(比如波提狄亚的冬季)露营时,雅典军队也会用火来维持温度,使人精神振奋。他们一扎营,就会取火保暖和做饭。然而,苏格拉底却通过严格训练,让自己无视寒冷和不适。在《会饮篇》的发言中,亚西比德提到了苏格拉底忍耐不适的能力:

> 他比我更能忍受战争中的艰苦条件,事实上,他比队伍中任何人都更能忍耐。当我们的补给短缺时(这时常发生),没有人比苏格拉底更能忍受饥饿。
>
> 此外,尽管那个地区的冬天十分可怕,但是,他拥有一种忍受寒冷的异常能力。我记得,有一次天气非常冷,没有人敢把身体露在外面。如果不得不离开帐篷,我们就会利用手边的一切东西将自己裹起来,同时把额外的毛毡或羊皮绑在靴子上。
>
> 但是,苏格拉底出门时,只穿一件轻的旧袍,甚至赤足行走在冰面上,比穿着靴子的士兵都走得稳当。你可以想象,他们会怎么看待他。他们认为,苏格拉底这样做让他们蒙羞。

显然,苏格拉底的体格和军事技能十分出色。在《会饮篇》

的最后一部分,柏拉图描写到苏格拉底在波提狄亚战场上拯救亚西比德的行动。亚西比德这样回忆道:

> 如果你们想知道苏格拉底在战场上表现如何,就让我来称赞他吧,这是他真正应得的荣誉。
>
> 你们知道,在那场战役后,我被授予了英勇的称号。是的,苏格拉底在战争期间独自拯救了我,他无疑救了我一命。我受了伤,但苏格拉底并没有丢下我,而且取回了我的盔甲。
>
> 那时我对苏格拉底说:"你比我更应该被授予英勇的称号。"你们不得不承认,我那时这样做没有错,而今天再次这样说也没有错。将军们考虑到我的社会地位,于是决定让我获得那一荣誉。说句公道话,苏格拉底甚至比那些将军更加支持我应当被授予勋章,而不是他自己。

亚西比德提到的"社会地位"是指他与雅典富有权势的将军伯里克利的关系。在亚西比德的父亲死后,伯里克利成为他的监护人。与将军们一样,苏格拉底也知道,他的这位密友兼舍友是雅典著名领导人的监护对象。反过来,伯里克利肯定知道,这是亚西比德第一次出征,而苏格拉底和他被安排为宿营伙伴。雅典公民被划分为10个"部落",苏格拉底和亚西比德分别属于不同的部落。原本他们应该分别与自己部落的士兵住在一起，不过可能的是，伯里克利特意如此安排。然而，柏拉图并没有详细阐述苏格拉底和伯里克利的关系，而我们探寻苏格拉底和亚西比德（从后者少年时起）的关系似乎需要这方面的细节。这给我们的证据留下了一个缺口。在适当的时候，我们必须重新评估苏格拉底和雅典这位最著名的公民之间的早期联系。

一个坚定的战士

一直到40多岁为止，苏格拉底都在持续参加雅典的军事活动。公元前424年，即《云》上演的前一年，他参加了在玻俄提亚（Boeotia）的代立昂（Delium）爆发的一场血腥战役。玻俄提亚位于阿提卡北部，当时由强大的底比斯城邦（Thebes）统治。在代立昂战役中，包括苏格拉底和他的朋友拉凯斯——前文关于拉凯斯和苏格拉底一起出现在波提狄亚中的叙述并没有历史依据，而是基于两人一起在代立昂战斗的事实——在内的7000名雅典重装步兵面对着另一支同样数量的底比斯军队。

有段时间，战争双方不相上下，每一方都凭借强大的右翼部队获得过胜利。当雅典人突破玻俄提亚人的防线后,底比斯将领命令两支骑兵团援助撤退的纵队。由于错误地以为这些援助力量属于一支有预备的大型军队,雅典人恐慌地逃走了。在接下来的撤退中,数百名雅典人被追击的玻俄提亚人杀死。

在这次战役中,亚西比德骑在马上,跟着一支小型的骑兵队伍。在《会饮篇》中,柏拉图笔下的亚西比德这样讲述自己看到的情形:

> 军队已经四散逃跑,苏格拉底和拉凯斯一起在撤退。我正好碰上他们。我一看见他们,就大声鼓励说,我将为他们防守后背。
>
> 和波提狄亚战役的那次情况相比,我那天可以很好地看到苏格拉底,因为骑在马上,我的危险更小。我清楚地看到,苏格拉底比拉凯斯要冷静许多。事实上,我看到他像在我们城里一样,大步地走着。此时,我想起阿里斯托芬对他的描述,"昂首阔步,左顾右盼"。他沉着地观察着身边的一切,搜寻右军,同时警惕敌人。
>
> 哪怕从很远的地方看,我都能清楚地看到,这是一个非常坚毅的男人。如果有任何人靠近,他就会奋起迎敌。他和拉凯斯都可以从中获生。在战场上,你通常会努力避免遇上这种人,而去追击那些落荒而逃的人。

这个叙述让人想到柏拉图的《拉凯斯篇》(Laches)中的一个片段。在这个对话中,勇敢的意义是讨论的主要话题。在那里,尼西亚斯将军建议:"年轻人应该身披盔甲,练习战斗。"[46]只有这样,他们才会做好准备。当队伍散了,不得不一对一战斗时,他们也能够去追击逃窜的敌人,或者自己撤退,并躲避敌人的攻击。

尼西亚斯说,掌握这些武装格斗技能将确保一个战士即使一次面对几个敌人,也能不受伤地活下来。苏格拉底似乎熟练掌握了这种技能。这可能受益于他练习皮洛士舞(这是全副武装演练的一种战舞,包括躲闪、刺杀和佯攻)时的积累,以及战场上的真实经验。[47]苏格拉底作为一个训练有素、坚定而能干的重装步兵战士的形象是毋庸置疑的。

一个年老的士兵

苏格拉底参加过许多战役,比如波提狄亚战役、代立昂战役等。这一事实是他生平中的一个显著但经常被低估的方面。[48]直到公元前422年夏天,苏格拉底都是一名忠诚的战士。当时，刚刚47岁（这已经不再是全副武装、驰骋沙场的年纪了）的苏格拉底再次北上，与哈尔基蒂斯（Chalcidice）和色雷斯（Thrace）作战。此次行动是远征安菲波利斯的一部分，由雅典平民派政治家、将军克里昂（Cleon）领导，以恢复雅典在这一地区的势力。在那里，苏格拉底可能参加了不少于12次的战斗。

在安菲波利斯战役的前一年，即代立昂战役的后一年，阿里斯托芬的喜剧《云》上演，其中把苏格拉底描绘为一个瘦弱、长头发的科学研究者和诡辩家。苏格拉底参加了一系列战争，这说明他不是一个和平主义者，也不是一个出于良心而拒绝服兵役者，但一些现代的观察家不切实际地希望他是这两种人。在大多数时候，他都是一个让人印象深刻的爱国战士。所有关于他的个性的事实都表明，他并非那种不假思考就顺从传统的人，因此，结论只能是苏格拉底自己多次选择代表他的城邦而参战。换句话说，他之所以这样做，正是因为他一直在反思：过一种好的生活意味着什么。

我们不清楚在波提狄亚战役（公元前432—前430年）之前，苏格拉底还参加了哪些军事活动。正如我们看到的那样，仅在这场战役期间，他可能就目睹了至少4次行动，即对皮德纳、贝罗伊、斯特瑞普萨和斯巴托勒斯的战争和围攻。然而，在波提狄亚作战时，他已经快40岁了。虽然这是我们所能了解到的有关他的最早一场战争,但不会是他的第一次战争经历。

《会饮篇》中亚西比德的描述表明,苏格拉底掌握了尼西亚斯在《拉凯斯篇》中极力推荐的技能,即不恐慌地有序撤退。他习练这种技能的唯一可能是他参加了若干更早的战役,其中有一些战役,由于形式所迫,不得不让士兵有序撤离。我们所知的苏格拉底的战争经历暗示他参加了雅典的许多战争,其中大多数并没有取得显著的胜利。但是,不管是胜是负,他总能成功地存活下来。他是在哪里、在什么时候积累了这些重要的经验呢?

学习如何撤退

除了公元前440—前439年的萨摩斯战争,我们很少知道,在公元前446—前433年间,雅典人参加了哪些军事活动。然而,其中有一个明显的事件,那就是公元前447年秋天的喀罗尼亚战役。在这场战争中,苏格拉底可能首次操练了有序撤退的技能,并由此为人所知。此时,苏格拉底早已经满20岁,并有资格参加现役。[49]1000名雅典重装步兵被派上战场。鉴于苏格拉底正值能够作战的年龄，他本就是被征召入伍的可能人选。重现这场战役的场景可以帮助我们理解苏格拉底在20岁出头可能受命参加的战斗和撤退。

对于雅典人来说，喀罗尼亚战役简直是一场灾难，许多人将经受战败和战友死去的痛苦。如果这是苏格拉底的第一次战争经历，那么，它也会产生一种将在他的生活和最后死亡中发挥重要作用的个人后果，为他和亚西比德的亲密关系创造条件。

喀罗尼亚是玻俄提亚中部的一个小城镇。该地区左右都是科林斯海湾北部的山峰，并且位于底比斯城邦中心。公元前447年，在伯里克利的同行、托勒玛乌斯（Tolmaeus）之子托勒米德斯（Tolmides）的指挥下，1000名雅典重装步兵被派往该地区，镇压一场涉及多个城镇的初期叛乱。与雅典人一起的还有一个行事冲动的年轻将领，即塞波科的老亚西比德之子克利尼亚。他也是伯里克利的密友和亲戚。这支军队规模很小，而底比斯人和他们的盟友派出的军事力量更强大。在雅典，伯里克利正在仓促增援。但是，在援军到达之前，先行部队就与敌人在一条通往喀罗尼亚的路上狭路相逢了。这条路被称作"女神之路"。

对于虔诚的希腊人来说，战前的通常做法是向地方神灵祈祷和献祭,以保证胜利。由于意识到敌人数量远超自己,雅典将领托勒米德斯向地方神灵献祭。该地供奉的神灵是一位传说中的战士,能够向询问者提供神谕指引。

随行的雅典祭司传达了这位神灵的神谕。他声称,"整个军队将成为一头难以俘获的猎物"。祭司以一种积极的方式阐释了这个模糊的表达。他说,这是为了安抚雅典人,尽管玻俄提亚人人数更多,但是雅典人也不会轻易言败。对此,托勒米德斯信以为真。如果雅典人撤离的话,他们至少可以避免那场灾难。

在这个假希望的鼓励下,托勒米德斯命令他的部队进攻。虽然他们英勇战斗,但是,由于力量悬殊,他们不久便被迫撤退。渐渐地,撤退变成了溃败。在玻俄提亚人的追击下,成百上千名雅典人被杀死,其中包括年仅34岁的克利尼亚将军。最后,神谕预示了一个比托勒米德斯所想象的还要糟糕的结果。雅典人或许是一头"难以俘获的猎物",但是,他们终究是"猎物"。

当时,雅典竖立了一块大理石板,上面刻了一首隽语,作为给阵亡将士的挽歌。我们可以根据它来重构这场战争。它把战争失败的原因归于那位发布神谕的神灵的不悦。神谕暧昧不清的话语让托勒米德斯过分自信:[50]

坚忍的人啊,你们在绝望的斗争中忍耐到最后
因为神的干预,你们丢失性命
你们面对的不是人的力量,你们的压力很大
你们在女神之路上被神的恶意紧紧扼住
他用你们欢迎的那一神谕——"难以俘获的猎物"
控制了你们的命运
但是,这个模糊的话语其实意味着你们的毁灭
所以,在未来,人们也会以为他的神谕真实可信

如果喀罗尼亚战役的确是苏格拉底的第一次战争经历,那么,他将是那活下来的几百名士兵之一。他们坚忍,并从那一灾难性的撤退中幸存下来。这或许是他尝试尼西亚斯推荐、亚西比德描述的那一技艺的最早情形。逃跑的正确方式是有目标地行走,而不是慌不择路。

克利尼亚在喀罗尼亚战场的死亡给苏格拉底的生活造成了不可预估的影响。这位将军留下一位遗孀戴诺玛谢(Deinomache),她是伯里克利的前妻(以及堂妹,这桩婚姻可能是王朝安排的)。他们两个年轻的儿子需要一个男性监护者。克利尼亚要求,在他死后,将这两个儿子送到伯里克利的手中。

其中一个年仅4岁的儿子就是亚西比德。

15年后,亚西比德将成为苏格拉底在波提狄亚战役中的伴侣和同餐之友。[51]他父亲的去世可能间接地促使他成为苏格拉底在和平时期和战争时期的一个密友。同时,他还是苏格拉底的学生、格斗伙伴和忠实伴侣。作为他的监护人,伯里克利肯定知道并认可了这样一种关系。这种亲密关系对苏格拉底的阶级和社会地位造成的影响很少受到关注。然而,正是这一长期而亲密的关系最后导致了世人的这一认识,即这位哲学家"荼毒了青年的思想"。由于这一指控(以及"引进新神"),苏格拉底在公元前399年被起诉、审判和处死。

第三章

走近亚西比德

当人们看到亚西比德和苏格拉底一起用餐、训练和共处一室时,都感到很惊讶。

《会饮篇》的最后一幕

当苏格拉底演讲结束时,众人热情地鼓起掌来。阿里斯托芬正打算说点什么,以回应苏格拉底在发言时提到自己的地方。这时,门外突然响起一阵咚咚声,可以听出是一群喝醉酒的狂欢者和一个吹风笛的女孩在敲门。阿伽松告诉仆人前去探问:"如果他们是我们的朋友,就邀请他们进来;如果不是,就说会饮已经结束。"

不一会儿,他们听到亚西比德的声音从庭院传来。他已经完全喝醉了,仍然大喊道:"阿伽松在哪?带我去见他。"最后,亚西比德出现在门口,一个吹风笛的女孩和一些仆人扶着他。他戴着一个由常春藤和紫罗兰编织的巨大花冠。他的头上飘着丝带。

"好呀,朋友们!"他说,"你们允许一个喝醉的人加入你们的晚宴吗?还是让我直接给阿伽松戴上桂冠,然后离开呢?这就是我来这里的原因。昨天我无法过来,所以现在来了,还带了这些丝带。我要把它们从头上取下,然后给这个人戴上花冠。我不得不说,这是一个聪明而英俊的人。你们在笑我喝醉了吗?尽情地笑吧,我知道自己在说什么。请告诉我,如果我进去,你们会和我一起喝吗?"

众人强烈要求请他进入,尤其是阿伽松。亚西比德被带进来,因为他一心想给阿伽松加冕,所以把头上的丝带解下来,把它握在前面。这使得他没有看到苏格拉底。苏格拉底为他腾出了一个空座。亚西比德坐下去,拥抱和亲吻阿伽松,然后给他系上丝带。

阿伽松说:"脱下你的便鞋,然后和我俩坐在一起。"

亚西比德说:"可以。那么,另一个人是谁?"

他转过头来。当看到苏格拉底时,他大吃了一惊。

"什么?"他叫喊道,"竟然是苏格拉底,他又像往常一样偷偷靠近我。他总是在你预料不到的时候出现在那里!苏格拉底,你要为自己说什么?我看到你给自己找了一个最佳的位置。你没有坐在像阿里斯托芬这样年老的喜剧作家的身边,而是靠在这个房间里最漂亮的人旁边。"

苏格拉底转向阿伽松,然后说道:"阿伽松,请保护我。这个人已是我的一个大麻烦。自从我成为他的倾慕者,我就不被允许和任何其他人说话,或者看他们。如果我这样做,他就会嫉妒地发怒,不仅吼我,还揍我,就像他刚才要做的一样。请为我们讲和,或者保护我,以防他揍我。我真害怕他发怒。"

亚西比德说:"我们之间永远不会有和平。但是,我现在推迟报复。阿伽松,请给我一些丝带,我要给这个暴君、这个冠军辩论家的神奇脑袋扎个花冠。我不能让他抱怨只给你而不给他戴花冠。"

亚西比德拿走一些丝带,给苏格拉底扎了一个花冠,然后靠在躺椅上。[52]

年轻的狮子

亚西比德总是喜欢出场。就像柏拉图在《会饮篇》中讲述的一样,公元前416年,他在阿伽松的宴会上也是这样做的。亚西比德出生于公元前451年。亚西比德出现在这一场合时,已经35岁左右,正是他一股冲劲的父亲克利尼亚在喀罗尼亚战死时的年纪。[53]苏格拉底那时可能是53岁,不再是亚西比德接下来要描述的那个青年或中年服役的战士。

值得注意的是,柏拉图笔下的亚西比德成功地把众人的目光从他个人身上转移到苏格拉底和他的性格特征上。对话发生在公元前416年,正好是漫长的伯罗奔尼撒战争进行到一半的时候。此时,正处在一个相对的间歇期,此后公元前415—前413年爆发的西西里战争将重新开启这场大规模的战争。克利尼亚之子是当时最耀眼的人物。

亚西比德出身贵族家庭,样貌俊美,甚至比他的父亲更加冲动,同样也很有竞争心和抱负。这些品质在古代雅典的上层阶级中间受到一阵赞赏和倾慕,尽管他的老师、崇拜者和监护人对此无不忧虑。亚西比德拥有雅典最高贵、最有权势的两个家族的血统。其父系可以一直追溯到萨拉米斯英雄埃阿斯(Ajax)的世袭贵族家族。[54]他的母亲戴诺玛谢是伯里克利的堂妹(和前妻),来自阿尔克迈翁家族。该家族很早就培养出许多雅典领袖,可以一直追溯到荷马时代的国王内斯特(Nestor)。[55]

从少年起,亚西比德就表现出一种对人们的注意力和认可的渴求。在其一生中,他吸引了一大批热情的情人和仰慕者,以及竞争对手和敌人。公元前2世纪末、前1世纪初,传记作家普鲁塔克创作了《亚西比德的一生》(*Life of Alcibiades*)。在其中,他讲到一系列让年轻的亚西比德臭名昭著的逸闻趣事。有一次,亚西比德在一场格斗比赛中,为了不被对手甩开,咬了对方的胳膊。当对方放下他,控告他像一个女人一样咬人时,他回答说,他确实咬了,但像头狮子一样。这一自我理想化的形象保留了下来。后来,人们经常用"狮子"这个绰号和意象来类比他。

在另一个场合,还是男孩的亚西比德在玩抓子游戏。这是一种小孩子的游戏,在这个游戏中,小孩子和朋友们一起,聚在一条狭窄的街道上,抛掷用驴骨做的骰子。当亚西比德抛掷的时候，一辆满载货物的牛车经过。于是，他举起手来，让车主停下。车主不予理睬，赶着牛继续向前走。其他孩子为了躲避危险而散开，但是，亚西比德却直挺挺地躺在路上，正好挡住牛车的去路，强迫生气而惊慌的车主停下来。

亚西比德继续自行其是，并且总是胜利。在普鲁塔克记述的另一则故事中，有一次，苏格拉底告诉亚西比德，当他还是一个孩子时，自己就常常看他和同学一起玩抓子游戏和其他游戏。当亚西比德发现其他人犯规时，他就会变得非常生气，并骂对方是一个可恶的骗子。[56]这个故事证实了，在亚西比德还是一个小男孩的时候，苏格拉底就已经是围绕他的圈子成员之一了。

关于亚西比德青年时期的这些故事告诉我们，这个男孩不仅长相俊美，而且很有魅力和自信。据说，他说话咬舌，这常遭到一些喜剧诗人的嘲笑。但是，他的演讲因此而更加迷人，更有说服力。普鲁塔克指出，虽然一些人被他迷得神魂颠倒，但是，他唯一真正重视的人是苏格拉底。因为他很清楚，苏格拉底的唯一目的就是保护和教育他。然而，对于旁观者来说，两人在性格、外貌和目的上的差异是惊人的。普鲁塔克写道："当人们看到亚西比德和苏格拉底一起用餐、训练和共处一室时，都感到很惊讶。"

苏格拉底和亚西比德的关系就像是安排好了的一样。普鲁塔克关于亚西比德的传记前面大部分专注于此。这使得人们很少注意到它对苏格拉底和伯里克利的关系所具有的传记意义。从公元前447年秋天克利尼亚死去到公元前432年爆发波提狄亚战役，在这过去的15年时间里，苏格拉底和亚西比德发展出了一种亲密的熟识关系。这肯定得到了亚西比德那位有权势的、地位很高的旧监护人的同意（如果不是直接的祝福的话）。此外，他们的关系很可能得到了伯里克利那位颇有影响力的伴侣阿斯帕西娅的全力支持。阿斯帕西娅的姐姐曾经嫁给亚西比德的祖父（也叫亚西比德）。[57]

在柏拉图和色诺芬的著述中，苏格拉底说话时经常带着对伯里克利的谨慎和尊重。伯里克利在苏格拉底和亚西比德于公元前429年从波提狄亚返回后不久，就死于瘟疫。色诺芬同样写道，苏格拉底和小伯里克利相交甚好。后者是伯里克利的儿子，为阿斯帕西娅所生。《苏格拉底回忆录》（*Memoirs of Socrates*）中写道，两人还进行了一场友好的谈话。然而，无论是柏拉图，还是色诺芬都没有暗示，伯里克利和苏格拉底在任何时候有任何私人联系，或者两人相交甚好。少年亚西比德的成长环境让我们很难想象其他情形，因为伯里克利在他4岁时就担负起监护的职责，同时，苏格拉底从其少年时代就和他交往甚密。这样一种联系让我们得以洞悉苏格拉底的背景、社会地位和早期环境。

亚西比德的其他老师

柏拉图和色诺芬都不谈苏格拉底和伯里克利的熟识,并且对苏格拉底年轻时的活动和社会关系保持沉默,这其中有许多原因。在这里,罗马政治家、演讲家西塞罗讲的一个故事或许可以帮助我们对苏格拉底和少年亚西比德的关系有一个更加全面的认识。[58]

克利尼亚死后,伯里克利把年幼的亚西比德送到一个叫佐普鲁斯(Zopyrus)的色雷斯教师手中。佐普鲁斯是一个外邦人,即非雅典籍居民。他可能与当时活跃于雅典的佐普鲁斯是同一个人。后者因为宣扬一种类似于相面术的理论而闻名,这一理论将在18世纪流行起来,主要研究一个人的外貌是如何反映他的性格的。[59]

显然,佐普鲁斯十分了解苏格拉底的样貌细节。据说,这个色雷斯人曾在一场公众集会上评论了苏格拉底体格的一个特征。他观察到,苏格拉底锁骨以上的颈部没有凹陷处,这一特征用专业术语来说就是"锁骨上窝"。但是这个区域通常是被填满的。根据佐普鲁斯奇怪的面相理论,这一特征清楚地反映了苏格拉底的性格特征。他说,那一区域有"堵塞"的人通常是"愚蠢而迟钝的"。

  这个关于苏格拉底的判断如此不符合实情。这说明,这个解释与其说来自佐普鲁斯奇怪的理论,还不如说来自他对苏格拉底行为方式的误解,甚至来自他个人的厌恶和嫉恨。佐普鲁斯从苏格拉底不好看的面相中诊断出另一个不讨人喜欢的特征。他说,苏格拉底显然是一个"性欲狂"或"花花公子"。在西塞罗的这个故事中,当亚西比德听到这个评论时,他忍不住笑了。因为他注意到佐普鲁斯关于他热爱的这位老师的性欲判断是准确的,所以一定会乐起来。只是在这个判断中,苏格拉底性欲的对象显然被认为是女人,而不是男人。

  显然,佐普鲁斯关于苏格拉底的评价与这位哲学家的面部特征毫无联系。比如、宽而翘的鼻子和突出的眼睛后来被视为苏格拉底外貌的典型特征。但是,它们并没有出现在这个色雷斯人的面相评估中。由于佐普鲁斯宣称,他可以从一个人的身体以及眼睛、眉毛等脸部特征判断出这个人的性格,因此,我们或许可以假定,关于苏格拉底好色的判断可能源自他对苏格拉底眼睛突起这一特征的观察。这是甲状腺功能亢进的一个典型症状。然而,我们唯一被告知的是苏格拉底的锁骨形状。

佐普鲁斯能够如此精确地观察苏格拉底的裸肩，这一事实可能与他们可见的场景有关，比如苏格拉底与亚西比德一起不穿衣服跳舞和格斗的时候。这些亲密相处的事实可能会引起亚西比德另外一位老师佐普鲁斯的怨恨。不同于苏格拉底，他并非一个自由的雅典公民或战士，而且也没有赢得那位刚愎自用的学生的尊敬。

在另一个故事（同样取自这篇失传的对话《佐普鲁斯篇》，由苏格拉底的学生斐多创作）里，据说，恶毒的佐普鲁斯根据苏格拉底的外表，列举了一堆他应该受到责备的缺点和毛病。那些在场的人都嘲笑这个色雷斯人的分析，因为他列举的那些缺点事实上不应该放到他们所认识的苏格拉底身上。

这一次，苏格拉底站出来，以一种勇敢而反讽的姿态为佐普鲁斯辩护。他说，佐普鲁斯无疑是对的，因为那些都是他天生的缺陷。但是，他补充道，它们现在之所以从他性格中消失了，是因为他通过理性训练，已经将它们驱逐出去。通过这一机智的回应，苏格拉底成功反驳了佐普鲁斯根据自己理论提出的关于他性格的任何发现，同时重申了他在哲学上对理性之重要性的主张。

苏格拉底的另一个自我

英俊年轻的亚西比德因为他的离经叛道和越轨行为而在雅典变得臭名昭著。有一次,由于一个老师对荷马诗歌表现出明显的冷淡,亚西比德被激怒,于是往他脸上揍了一拳。另一次,他让一只鹌鹑在房间里乱飞,打断了一场议事会。他买了一只长尾獒犬,却剪了它的尾巴,然后让它在市里四处游行,这件事让他的雅典同胞愤怒不已。当被人责备时,他却声称,他的目的是把人们的注意力从自己那些更加糟糕的行为中转移开去。

这个年轻人的行为不检引起了他的监护人伯里克利的愤怒。亚西比德的婶祖母、伯里克利事实上的(如果不是名义上的)妻子阿斯帕西娅可能会对他更加宽容。有人可能认为,她可能和苏格拉底一起不止一次地为这个男孩求情。他们和雅典人都很溺爱这个孩子,而且似乎能够原谅他的任何越轨行为,因为他们从亚西比德身上看到了一个英俊聪明的青年人,他对成功和认可有着一股值得赞赏的热情。

苏格拉底可能把这个莽撞的青年看作一个志同道合的人。

他自己年轻的时候就经常偷懒,并为此受到父亲索夫罗里斯库斯的惩罚。我们看到的老年苏格拉底常常风趣而顽皮,因此,他在年轻时很可能也经常捣乱。和亚西比德一样,苏格拉底也有争强好胜的天性,柏拉图就把他描绘成一个从不向对手屈服的人。哪怕是在柏拉图和色诺芬的笔下,苏格拉底与一些老者和同龄人的相遇表明,他随时可能掉入那些自己认为错误的或不合逻辑的观念或宣言之中。正如柏拉图在《美诺篇》(*Meno*)中描述的一样,一个被惹恼的对话者甚至威胁要动用武力。[60]

如果说老年苏格拉底遇见的是一个文士格斗家,后者经常把辩论看作或胜或负的格斗比赛,那么,他这样做的目的就是驱除错误的观念,以接近真理。相比于真理,年轻的亚西比德更关心自己是否可以从别人那里获得荣誉和回报。对"荣誉"的着迷是所有充满抱负的政治家的普遍特征,即渴望成功受到雅典社会的一致称颂。亚西比德对荣誉的无限渴求表现在,波提狄亚战役之后,他从将军们手中接受表彰英勇的勋章,尽管他知道,这份荣誉公正来说应该授予苏格拉底,因为如果没有苏格拉底的相救,他可能已经死了。

和亚西比德一样,苏格拉底所处的文化背景十分强调对军事荣誉的追求。但是,这种认可明显不再是苏格拉底的目标,哪怕它曾经是他的目标。在柏拉图的《会饮篇》中,亚西比德对苏格拉底的刻画揭开了他丑陋外表之下的内在之美。我们可以反过来剥去苏格拉底的神圣形象，以揭示其内在的另一个自我。青年苏格拉底肯定也理解那种追求成功的欲望，正如荷马在《伊利亚特》(*Iliad*)中所写，"总要比其他人更优秀"。这句话后来成为亚历山大大帝的格言。因此，苏格拉底不会否定亚西比德的军事和政治抱负，相反，他可能会透过这样一个人的目光来看待它们：这个人曾经也汲汲追求那条道路，但是，现在已经选择放弃。

从这一角度来看，亚西比德可能被看作青年苏格拉底的另一个自我，即那种有着一股冲劲的军事英雄。与当时同一阶层和年龄的许多雅典男性一样，这位正在成长的哲学家曾经也努力想要成为这样一个人。但是，在苏格拉底快40岁的时候，他的眼界和追求一下子变了，以至于他现在献身于另一个不同的（同样具有英雄性质的）目标：帮助他的同胞清楚地认识到人生的目的。

亚西比德和西西里岛

亚西比德最终选择了追求个人荣誉的道路，以至于走向自我毁灭。柏拉图《会饮篇》的读者一定会想起，仅在阿伽松举行这场会饮一年后的公元前415年，亚西比德就提议并参与指挥了一场由雅典人发起的最著名、最致命的军事征战，即远征西西里的灾难性战争。

当时，西西里岛的海岸线在很大程度上是由生活在大小和权力不同的城邦里的希腊人确定的。叙拉古是该岛上最大且最富裕的城邦，并和雅典在权力和文化声望方面相互竞争。它的对手城邦（比如塞杰斯塔和莱昂蒂尼）向雅典寻求支持，并错误地给人留下这样的印象，即它们拥有巨大的资源，能够帮助雅典对抗叙拉古。塞杰斯塔人甚至宣称，他们准备捐出一支舰队，并且欺骗雅典使节，让他们目睹一堆堆的黄金和白银，以暗示自己手中还有更多东西可以供他们使用。该岛屿同样遍布庄稼，许多雅典人认为，占领这个地方既容易，又有利。

公元前415年春，雅典公民大会举行了一场公众辩论，主题是讨论征战的好坏。公元前420年，亚西比德第一次被选为将军（该职位的最小年龄要求是30岁）。他在雅典人中非常受欢迎，并感到自己的机会来了。亚西比德意识到，一场胜利的远征将会提高自己在雅典人心目中的英雄地位，于是，他强烈支持征战。反战派是最有经验的将军尼西亚斯，他希望雅典保持克制。然而，亚西比德的魅力和演讲获胜了。

当意识到这次远征很可能会开展时,尼西亚斯试图用计谋来拖住雅典人。他争论道,与西西里岛诸城邦开战需要巨大的开支,其中包括建造船只并招募军队的开支。他的计谋产生了事与愿违的结果。公民大会热烈支持了他的提议。他们批准了一项议案,允许将军们征用超过100艘船只和5000名重装步兵。与原来的小规模征战计划相比,这支军事力量最后的损失更为惨重。

雅典人开始着手准备这支史无前例的舰队。在起航前的数周,成群结队的人们涌向雅典最大的港口比雷埃夫斯,观看组装战船和制造大炮的过程,这无疑将是一场辉煌的战争。苏格拉底可能是观众之一。他服役的日子已经过去,但是,他会带着热烈的目光,持续留意亚西比德的事业。

在舰队不久将出发的一个早上,雅典人醒来看到一种严重的亵渎行为。几百尊赫尔墨斯的石像——它们遍布雅典各个地方,大多数在阿哥拉市集——被毁坏或丑化。正如所称呼的一样,赫尔墨斯石像都是一些方形石块,顶部是这位严肃而带有胡须的神的头颅,石块前端是一个勃起的阴茎。它们一般被放在神圣场所和私人住宅的入口,以确保来访者、游客和城市居民好运。在那个象征命运的早上,显然,这些遍布雅典的石像遭到某些人的故意毁坏,它们的面部和阴茎都被砸烂了。[61]

在迷信的雅典人眼中，这一亵渎神灵的行为必定会给此次征战的前景蒙上一层阴影。亚西比德的一个政敌立刻炮制出一个假冒的见证人，说亚西比德和他的朋友要为与秘密的宗教仪式有关的亵渎行为负责。虽然这一指控与被毁的赫尔墨斯石像无关，但是，它给他打上了不敬神的烙印。为了证明自己的清白，亚西比德立刻表示愿意接受死刑的审判。但是，他的对手认为，一旦军队离开雅典，他的支持者将寡不敌众。于是，他们在亚西比德起航后第二天才提出指控。他们满心欢喜地发现，亚西比德和他的贵族朋友最近参加了一场私人的化装舞会。这证明他根本就不在意亵渎神灵的行径。据说，他穿着女人的衣服，以此嘲弄女神得墨忒耳*的秘密的宗教仪式（可能还有其他事情），并在奴隶面前夸耀这些行径。

在军队抵达西西里岛数周后，一艘雅典船只到来，要逮捕亚西比德，指控他亵渎神灵。亚西比德坐上自己的船返回，但是，在驶入苏里（在南意大利发现的一个雅典殖民地）后，他却向敌人斯巴达寻求庇护。他正式成为雅典的一名叛国者。他的逃跑就是有罪的证据，他因缺席被判处死刑。

亚西比德的背叛帮助雅典的敌人获得了关于西西里岛和战争的关键情报和指导。修昔底德以一种让人心痛的笔调详

---

* 雅典神话中，得墨忒耳是掌握农业收成、保护婚姻和女性的神灵。——译者注

细讲述了雅典远征的失败过程。接下来的一年里,在西西里岛的战场上,谨慎的尼西亚斯将军的一系列犹豫和误判让他领导的雅典军队处于一种危险的境地。最后的一系列延误和错判导致成千上万名雅典士兵被叙拉古人屠杀。数千人投降,最后也只能作为犯人在叙拉古的露天采石场饿死或渴死。尼西亚斯也投降了,并被处死。

陆地和海上的最终死亡人数是惊人的。除了数百艘船只的损失之外,大约10000名雅典步兵和30000名老练的水手丧生。雅典的民主制度处于前所未有的威胁之中。公元前411年,它迅速被一个由400人组成的寡头政府取代(尽管持续时间短暂)。许多雅典人把这次灾难及其反民主后果归咎于亚西比德。他曾经是苏格拉底最亲密的朋友和学生。这一点当然也没有逃脱雅典人的注意。

亚西比德的结局

在帮助伯罗奔尼撒同盟在西西里岛和其他地方击败雅典之后,耀眼的亚西比德不久就失宠于斯巴达人。在斯巴达时，他卷入一桩涉及斯巴达国王阿基斯（Agis）之妻狄麦妮（Timaea）的丑闻，据说她为他生了一个儿子。在收到警告说，国王颁布了命令要杀他之后，亚西比德又一次逃亡了。这一次，他逃往波斯。波斯人一直在支持斯巴达反对雅典。

亚西比德曾经见过小亚细亚的波斯总督提萨斐尼（Tissaphernes）。在这个地方，提萨斐尼主要向伯罗奔尼撒同盟提供财政支持。现在，亚西比德建议他减少资助，据说是为了削弱双方的力量，以增强波斯的实力。然而，他的行为被很多人看作为了恢复自己在雅典人心中的好感。在成为提萨斐尼信任的顾问后，亚西比德的确卷入了一些复杂的阴谋中，旨在最后回到雅典。然而，与此同时，斯巴达和波斯签订了一系列协议，让斗争的最后结果看上去不利于雅典。

不久，公元前411年成立的四百人政府被一个更为缓和且有着广泛基础的政体取代，即五千人政府。在它的统治下，亚西比德最终被召回雅典。他并没有马上回去，而是首先帮助雅典人获得了一系列海陆战争的胜利。公元前407年，当他最后回到雅典时，他获得了英雄般的欢迎，关于他的指控也正式取消。

然而，他的政敌并没有消失。公元前406年，在雅典人遭遇一次海战失败后，亚西比德为此受到责备，并自愿流放到色雷斯。公元前404年，雅典战败后，他从那里出发，向东行进，穿过达达尼尔海峡，进入弗里几亚，希望代表雅典和波斯建立联系。没过多久，在斯巴达人的要求下，亚西比德在弗里几亚的住宅被波斯军队包围，并付之一炬。他冲出房屋，手里握着剑，在一片箭雨中死去。[62]

亚西比德的阴影

公元前4世纪80年代和70年代，当柏拉图写他的对话时，亚西比德早就已经死了。公元前404年，当雅典最后向斯巴达投降后，关于亚西比德的性格和意图仍然争议不断。我们没有看到苏格拉底如何看待这位年轻朋友的政治和军事生涯的相关记录。当亚西比德处于人生巅峰时期时，苏格拉底的大多数活动（除了他在服兵役）都是在富人朋友的家里从事哲学辩论，或者在雅典的市集闲逛，让手艺人和商人检省自己那些不加思考的观念。

鉴于他与亚西比德的爱情，以及对雅典一以贯之的忠诚，当看到亚西比德在西西里战争期间帮助雅典的敌人时，苏格拉底肯定充满了沮丧。但是,针对亚西比德的鲁莽行为和野蛮劣迹,他想必早已习以为常。或许,当听说亚西比德亵渎神灵,或者背叛雅典时,苏格拉底不会感到很大的惊讶。他也不会惊讶于雅典人在战后轻松时期原谅亚西比德,并把他当作一位归来的英雄来欢迎,哪怕后来他又一次被迫逃亡。

公元前404年,在取得最后的胜利之后,斯巴达人在雅典建立了寡头统治,即所谓的"三十僭主",其中,以柏拉图的舅舅克里底亚(Critias)为首。他们立刻着手诛杀民主反对派,并剥夺其财产。但是,其恐怖统治十分短暂。公元前403年,在民主旗帜下集结起来的流亡势力发动战争并打败了寡头政府,于是,传统政府体制在雅典得到恢复。正如苏格拉底在公元前399年受审时提醒陪审团的一样,其中一个民主派流亡者就是他的老朋友凯勒丰。毫无疑问,这是为了表明,至少就像部分追随者一样,他的观点不应该被视为反民主。

虽然官方颁布特赦(不包括那些对寡头制负有直接责任的人),但是,雅典民主制的支持者不可能原谅亚西比德。在他们眼里,亚西比德的行为在雅典战败和成千上万名同胞死去一事上起着决定性作用。他们把他反民主的叛国行径与他的朋友苏格拉底的教导联系起来。当时,苏格拉底仍然在世,而且有充分证据表明,他既是一名上层阶级青年的教师,又是一个质疑常人意见的恼人的提问者。

在《会饮篇》中，柏拉图清楚地表明，亚西比德本人没有把他的任何决定或行动的责任归咎于苏格拉底。这个年轻人在那里讲述，只有在失去苏格拉底的良好影响时，他才会误入放纵的迷途。然而，对于苏格拉底的指控者来说，这位哲学家从未直接谴责过亚西比德的行为，这一点就足以说明一切。从公元前404年到公元前403年，三十僭主实施了残忍的恐怖统治：即刻处决、没收财产，并流放上万名雅典公民和外邦人。经历了这些事件之后，雅典人肯定不会忘记苏格拉底教导过亚西比德，以及两人相交甚密的日子。

不畏恐惧的苏格拉底

作为亚西比德的同时代人和朋友，克里底亚是三十僭主政体中的一个领导人物。他是柏拉图母亲的兄弟，也是苏格拉底多年的追随者（虽然他不是一个喜欢批判的人）。此外，出身高贵的他被指控在公元前415年参与毁坏赫尔墨斯石像。该事件发生后，他被立刻逮捕，但是，在控告者声名扫地后，他又被无罪释放。在亚西比德离开雅典期间，克里底亚就一直和他保持紧密的联系,并成功地促成他在公元前407年回到雅典。

公元前406年,当公众意见再次反对亚西比德时,克里底亚离开了雅典。公元前404年,雅典败于斯巴达后,他回到雅典,成为斯巴达扶持的寡头政府的首要人物。当重新聚集的民主势力在公元前403年打败寡头政府时,克里底亚在战争中被杀。然而,他在掌权期间处死了数百名无辜的雅典同胞一事没有被忘记,公众仍然对他和他的同伙充满了怨恨。

色诺芬把克里底亚描述成一个无情且不道德的人物。他的残忍促成了世人对苏格拉底的负面看法。一方面,他的叙述见证了苏格拉底和克里底亚的关系(在后者掌权很久之前已经存在);但另一方面,他煞费苦心地表明,两人并非志同道合。他记录道,克里底亚公开蔑视苏格拉底和下等手艺人(比如皮匠、工匠和青铜工人)对话的热情。同样,当看到克里底亚骚扰一个迷人的青年时,据说苏格拉底表示了他的厌恶之情,并且公开把他和一头在石头上磨蹭的猪相提并论。克里底亚无法原谅这种侮辱;他一上台,就开始报复。在《申辩篇》中,苏格拉底说道,三十僭主曾经召唤他,让他去逮捕一个无辜的人,即萨拉米斯的利昂,并将其带回来处死。他冒着生命的危险拒绝遵从这一命令,并宣称,他能够幸存下来的唯一可能就是三十僭主倒台。

苏格拉底在辩护演讲中讲了这个故事,目的在于支持他的观点,即和死亡相比,他更害怕犯下不正义的过错。然而,在新的政体下,他还是选择留在雅典。尽管苏格拉底口口声声说批评克里底亚和三十僭主的行径,但是,他的民主派敌人肯定会用猜疑的眼光看待这个事实。据说,他曾经观察到:"如果一个牧牛人减少了牛的数目,使牛的健康状况变差,那么他一定会被视为一个糟糕的牧牛人。因此,如果一个领导人导致他的公民减少,让其变得穷困,却没有羞愧地认识到自己是一个糟糕的领导人,那么这是让人惊讶的。"[63]有人怀疑苏格拉底向年轻人传授的这种观点,导致他们攻击雅典政体。为此,克里底亚通过了一项禁止"话术"的法律。这明显是为了让苏格拉底沉默。

或许,苏格拉底真的是侥幸从三十僭主的统治中幸存下来的。尽管克里底亚个人仇视苏格拉底,但是,他未必会赞同处死这位老师。这一事实导致人们怀疑,两人关系仍然很好。无论如何,人们脑海中仍然保留着苏格拉底和他那些上层阶级的学生交往的记忆。当苏格拉底去世半个世纪后,公元前4世纪的演讲家埃斯基涅斯(Aeschines)向雅典听众说:"你们之所以处死了苏格拉底,是因为他教导了克里底亚,这位三十僭主时期的反民主领袖。"

公元前399年,苏格拉底被送上法庭审判,罪名是"不信城邦的神""引入新神""残害青年的思想"。大多数陪审员认为他有罪。按照雅典法律，苏格拉底和他的指控者可以分别建议处以何种惩罚。在柏拉图的《申辩篇》中，苏格拉底提议说，雅典应该因其哲学活动而奖赏他一份公共养老金。陪审员面露不悦，于是，远比先前更多的人投票支持处死苏格拉底。

在监狱等待处刑时，苏格拉底本来可以逃跑。朋友们请求苏格拉底，允许他们贿赂门卫释放他。然而，他已经决定，即便他的同胞的判决是错的，自己也要遵守他们做出的决定。古典学者玛丽·莱夫科维茨（Mary Lefkowitz）一针见血地指出，苏格拉底也意识到，"一种英雄般的死亡将给他带来不朽。例如，希腊人不会忘记帕特洛克勒斯（Patroclus）、赫克托耳（Hector）和阿喀琉斯（Achilles）……只有被处死，苏格拉底才能掌控自己的传记书写"。[64]最终处死的方法是让苏格拉底喝一种毒酒（毒芹酒）。这种毒酒会让他全身麻木，从脚慢慢抵达心脏。

对于许多历史学家来说，苏格拉底在公元前399年被指控和处死的真正原因是雅典人对克里底亚和亚西比德犯下的政治罪行的愤怒。无可否认的是，两人都和苏格拉底关系密切，尤其是亚西比德。从小时候父亲战死，到被送到伯里克利手里，再到成年，亚西比德都是苏格拉底的追随者。那么，在那几十年里，苏格拉底还认识伯里克利圈子中的谁？苏格拉底和亚西比德的关系以及他和伯里克利本人的关系都提出了有关苏格拉底的背景和社会地位的问题。它们对他的生活和思想发展轨迹产生了重要而未被探究的影响。

第四章

伯里克利的圈子

尽管苏格拉底早期熟悉这位年长的政治家的圈子,但他后来选择追求哲学而非政治或军事。

有关青年苏格拉底的最早传记资料来自古代作家希俄斯的伊翁。作为比苏格拉底年龄大一些的同时代人,伊翁是一位博学大师,活跃于公元前5世纪上半叶,同时是一位成功的诗人、剧作家和哲学家。除了一些引文,他的著作都已失传,但是,后来作家引用的一些片段表明,他是一位颇有见识的评论家,经常点评各种社会和政治事务。他的《旅行日志》(*Travel Journal*)是已知最早的带有自传性质的旅行文学作品。在该书中,伊翁写道:"年轻时,苏格拉底曾和阿基劳斯(Archelaus)一起到萨摩斯岛旅行。"[65]

许多世纪之后,历史学家第欧根尼·拉尔修(公元2—3世纪)引用了这个直接的记述。它是有关青年苏格拉底最早的直接证词,以及关于他的背景和经历的一个关键见证。而且,它得到了一位具有权威性的古代作家的话语印证,即公元前4世纪的音乐理论家亚里士多塞诺斯。其父斯宾萨鲁(Spintharus)也是苏格拉底的同时代人。他的已失传的《苏格拉底的一生》(*Life of Socrates*)是关于这位哲学家最早的正式传记。在该书中,亚里士多塞诺斯直接提到,"苏格拉底是阿基劳斯的少年情人（paidika）"。

苏格拉底后来的传记作家往往忽视这一论断。如果不是因为这份爆炸性的声明揭示了苏格拉底早年的同性恋关系，那么这一忽视将是令人费解的。每一代历史学家都试图强调苏格拉底在性方面（尤其是异性恋方面）的正直，或者从他的审判和处死这一视角来认识其生活。他们往往出于简单的偏见，而排斥这一点。[66]相比之下，这份声明对于苏格拉底的社会地位和青年时的活动环境的揭示具有重大作用，而且，从他的传记立场来看，这比证实苏格拉底早期与一位年长男子发生同性恋关系的经历更加重要。

阿基劳斯的圈子

阿基劳斯曾和苏格拉底一起到萨摩斯岛旅行。他是一位雅典哲学家，也是著名的贵族政治家和支持斯巴达人的将军基蒙的朋友。伊翁提到两人一起旅行，但是并没有具体说明两人的亲密关系。伊翁和基蒙也是朋友，而且都是热衷于学习哲学的学生。伊翁很可能见过阿基劳斯，对他的活动和哲学教义十分熟悉。伊翁和当时还是一个初露头角的平民政治家伯里克利相识。然而，这一相识可能不那么愉快，据说他评论伯里克利的举止放肆而傲慢。他肯定亲自领教过青年伯里克利的蔑视态度，尤其是针对其政治对手基蒙以及基蒙的保守派伙伴。

伊翁曾经游览过整个希腊世界，不止一次去过萨摩斯岛。从希俄斯岛，沿着海岸线，乘船到那里只需要几个小时。后来有一次，他在那里遇到剧作家索福克勒斯（Sophocles）。公元前440年，伯里克利发起一场臭名昭著的征服萨摩斯的远征。而索福克勒斯正好担任这场远征的其中一位将军。虽然没有证据表明苏格拉底曾参与这场战争，但是，一些人把苏格拉底访问萨摩斯的经历解读为他作为一名重装步兵参战。这样一种解读是难以成立的。首先，公元前440年，苏格拉底差不多30岁，而在伊翁的描述下，苏格拉底此时是一名青年，这似乎排除了他参战的可能。其次，第欧根尼·拉尔修之所以直接引用伊翁的评论，是因为他要否定"除了服兵役，苏格拉底从未离开过雅典"的论断。因此，伊翁提到的萨摩斯之行不可能指公元前440年苏格拉底参加萨摩斯远征。它肯定指的是苏格拉底早期的一次非军事之行。

苏格拉底从未离开过雅典的说法流传甚广，以至于在柏拉图的《斐德罗篇》（Phaedrus）中，当苏格拉底越出城邦边界时，这被视为一件让人惊讶的事情。[67]苏格拉底是一个从不外出的哲学家,这个形象来源于中年和老年苏格拉底。他整天出没于阿哥拉市集和其他年轻人(法律有可能禁止他们进入阿哥拉市集)可以聚集在一起的地方,比如制鞋匠西蒙的家里。[68]我们可以猜测,传记作家之所以接受这种说法,是因为他们都太小了,以至于不了解青年时期的苏格拉底。就青年苏格拉底来说,这个说法显然是不对的。

作为公元3世纪拥有众多读者的异教学者,波菲利(Porphyry)把苏格拉底和阿基劳斯一起赴萨摩斯的时间确定为公元前452年。这一年,苏格拉底可能17岁。在亚里士多塞诺斯的著述中,波菲利读到这样一句话,"苏格拉底和阿基劳斯不仅是多年来的熟人,而且是情人"。学者们往往把亚里士多塞诺斯说成是"一个不靠谱的造谣者",认为他带有恶意。[69]但是,在古希腊精英文化语境中,说阿基劳斯和苏格拉底是情人,这不会导致任何屈辱或丑闻。这一声明不过是在陈述一个事实。

在柏拉图的晚期对话《法篇》(Law)中,一个对话者评论道:"我们这些少年追逐着老年男子的爱情。从他们那里,我们可以学到很多东西;他们的陪伴也让我们受益良多。"在苏格拉底的时代,雅典上层青年往往通过和一个年龄大的男子的亲密关系来拓展自己的社会关系和智识视野。在对话《巴门尼德篇》(*Parmenides*)中,巴门尼德(Parmenides)就和小他15岁的学生芝诺(Zeno)一起访问雅典。后者个子高大,面容俊秀,据说是巴门尼德的少年情人。该评论并没有带有贬损意味,而是一个简单的陈述。至少在雅典精英阶层,一个少年和老年男子之间的亲密关系是被接受的,即使这样一种性爱关系在希腊社会整体上不被允许,而且必然也不是构成社会秩序的一部分。然而,在苏格拉底和阿基劳斯的例子中,亚里士多塞诺斯的证词是清楚无误的。

阿基劳斯和苏格拉底

青年苏格拉底的这位导师和情人是个什么样的人呢?就智慧和哲学学识来说,阿基劳斯是阿那克萨戈拉的信徒、伯里克利的密友和伯里克利时期雅典最有名的哲学家。阿那克萨戈拉来自爱奥尼亚的克拉门佐尼,该地区是当时许多重要知识分子的家乡。爱奥尼亚学派的哲学家都是一些自然科学家,他们普遍十分关心存在的本质和宇宙的物理构成这些问题。据说,阿基劳斯信奉阿那克萨戈拉的宇宙论,并认为,物质世界是通过一种物质和心灵的混合而逐渐形成的。

  阿基劳斯见过苏格拉底,这个成功的石匠的儿子是一个受到良好教育的年轻人,热衷于当时的哲学。苏格拉底可能是一个在智识上早熟、身体上让人印象深刻的少年。虽然他的父亲想要他投入更多精力到雕刻石头上,但是,苏格拉底天赋异禀、体格强壮。他很可能展现出某些迷人的魅力和竞争热情,就像后来他和其他人在他的学生亚西比德身上看到的一样。

  在对话《泰阿泰德篇》(*Theaetetus*)中,柏拉图描绘了一个初露头角的数学家泰阿泰德,他的品质反映了青年苏格拉底身上同样可能呈现出来的一些东西。在柏拉图的笔下,泰阿泰德的老师以一种羡慕的语气谈到这个少年:

  我在曾经遇到和认识的所有人当中,从未见过如此天赋异禀的人。除了无与伦比的快速理解能力,他还有一种非常温柔的性格,尤其是他和同龄人一样充满了男子气概。

  我从未想过,这样一种组合能够存在。我在任何地方都没有见过。与他一样敏捷、热情和记忆力好的人一般都是不平衡的。他们到处奔走,就像没有压舱物的船只一样,而且十分疯狂,却并不勇敢。同时,那些性格更为稳定的人在从事研究时,往往又头脑迟钝,仿佛是被糟糕的记忆力拖累。

但是，这个少年在知识和学问的道路上没有遇到任何障碍，表现优秀。他非常有耐心。他就像一条静静流淌的溪流。在一个年轻人身上看到这些品质，真是太好了。[70]

柏拉图把天赋异禀和体力过人的"独特"结合归于泰阿泰德，这似乎具有讽刺意味，因为他在许多对话录中准确地把这一系列品质归于苏格拉底。因此，关于泰阿泰德品质的描写暗示了柏拉图眼中的青年苏格拉底的形象。和柏拉图笔下的其他文字一起，这段话似乎为我们提供了青年苏格拉底的部分形象。这一形象通过其他人的生活和性格折射出来。

我们无法确切地知道苏格拉底和阿基劳斯之间关系的性质。然而，公元前452年，两人同赴萨摩斯似乎是为了完成一个具体的教育目标：更好地学习当时最负盛名的哲学家麦里梭的思想。

萨摩斯之行

萨摩斯岛位于小亚细亚（古希腊人把小亚细亚西岸一带叫

作爱奥尼亚）海岸线之外的爱琴海。在古时候，萨摩斯岛上有两座火山，葡萄园遍布全岛。在苏格拉底时代，萨摩斯岛因为葡萄酒、陶器和三座公元前6世纪的土木工程杰作而闻名。它们分别是其港口的人工防浪堤、从山的一侧穿过去的千米水渠和供奉女神赫拉的巨大神庙。

由于该岛邻近地中海地区的一些重要贸易路线，这使得它几个世纪以来都是从小亚细亚内陆进口纺织品和精制金属器具的中心。同时，它能够吸引和传播一些来自近东及更远地方的知识分子。半个世纪以来，萨摩斯岛最著名的人物就是哲人毕达哥拉斯（Pythagoras）。据说，他曾经穿过东边大陆，一直旅行到印度。当苏格拉底和阿基劳斯一起访问该岛时，一颗智识新星已经冉冉升起。他就是伊泰根尼（Ithaegenes）之子麦里梭。

麦里梭既是一位实干家，又是一位思想家。在十多年后的公元前440年，他指挥萨摩斯舰队，反抗伯里克利领导的雅典舰队。在萨摩斯人战败后，他可能成了伯里克利采取的残忍报复行动的一个受害者。然而，在公元前5世纪50年代，他主要作为一个哲学家为人所知，并提出了一套关于宇宙本质的具体的形而上学理论。

麦里梭的理论基于哲学家巴门尼德的思想。后者曾经离开家乡埃利亚（如今意大利南部的维利亚），赴雅典教学。巴门尼德的哲学诗篇《论自然》（*On Nature*）在受教育的希腊人中广为流传，并在能够理解其思想的人中引起热烈的讨论和争辩。他的核心命题是"没有什么东西来自虚无"。按照巴门尼德思想得出的论断是宇宙永恒存在，因为它不能从虚无中产生。这些观点将这位哲学家引向一个反直觉的结论：所有的变化和运动都是虚幻的；无论通常的看法如何，宇宙实际上都是不变不动的。

对于苏格拉底来说，和麦里梭本人相识，并聆听他详细阐述关于物质和存在的论证，肯定是一件激动人心的事情。[71]萨摩斯可能是青年苏格拉底离家旅行最远的地方。他和阿基劳斯一起，从雅典乘船出发，大约耗费了两周才抵达。热情好客一直都是希腊文化的一个特征。我们可以想象，麦里梭非常欢迎两位雅典访客来到自己家里，用地方酒食款待他们，并和他们一起讨论自己关于宇宙本质的理论。

在这次旅行中，苏格拉底可能最初表达了对当时被广泛接受的最高智慧的不满。这位现实的年轻人对麦里梭的理论感到困惑，没有被他过于抽象的结论说服。一个人怎么能这样信誓旦旦地断言这些形而上学的理论呢？无论经过怎样的逻辑论证，这些浮于日常经验之上的结论如何令人信服？难道承认无知不是更好一些吗？更加重要的是，这些理论如何能够给一个人提供生活的指导？如果不涉及人的日常经验这些紧迫的问题，那么这种哲学又有什么用？

我们不知道苏格拉底是否再次离开雅典，去拜访过其他思想家。他可能感到没有必要这样做。他的青少年时期和后来时期跨越了这样一个阶段：雅典权力的扩张促使一大批希腊世界的思想家和艺术家拥入雅典。这是一个智慧启蒙的时期，苏格拉底将自己投入到那些让人欣喜的新思想的急流之中，这些思想由周围的哲学家、物理学家、雕塑家、画家、音乐家、戏剧家、政治家和军事理论家提出。他们一起成就了我们现在所知的雅典黄金时代。这个时代首先和伯里克利的名字联系在一起。

虚假的科学曙光

人们激动地发现，伯里克利的庄园中有一只从眉间长出一个角的公山羊。这难道是一个预兆？如果是，它意味着什么？这只山羊被杀死，它的头被带给伯里克利。伯里克利召来祭司拉普（Lampon）和他的哲学教师阿那克萨戈拉。拉普研究了一下它的头部，然后宣称这是一个预兆：当时正在面对一个贵族政治集团反对的伯里克利将战胜他的对手。这个羊角暗示,伯里克利将成为雅典唯一的政治领袖。然而,理性主义者阿那克萨戈拉建议,最好先将头骨切成两半。结果证明,这只山羊的头部并不是正常发育的,而是畸形的。畸形发生在羊角生长的地方。对于这个畸形现象,我们可以直接从生理学中找到解释。

正如这个故事反映的一样,阿那克萨戈拉的目的在于给自然现象找到一个自然主义的而不是宗教的解释。他在解释日食、流星、彩虹和地震这些现象时都是这样做的。公元前467年,当一颗陨石降落在雅典北部时,他的声誉在那些热情地进行科学思考的人中得到大大提升。正如他所预测的一样,陨石不过是一块燃烧的石块。

阿那克萨戈拉出生于公元前500年左右,在20多岁的时候从克拉佐门尼来到雅典。在这里,他成为伯里克利的密友和教师。在公元前5世纪50年代,他成为一名优秀的哲学家。[72]对于他所处的时代来说,他的思想大胆而富有创见。传统上,太阳被希腊人视为崇拜的对象。但是,他提出太阳不过是一团燃烧的石头。在全新的透视法和天文学测量(他因为发明日晷以及其他物品而闻名)的指导下,阿那克萨戈拉估计,太阳比整个伯罗奔尼撒半岛都大一些。[73]正如我们现在所知,他同样提出,月亮的光是从太阳反射到地球上的。

然而，对于把太阳和月亮当作神来崇拜的希腊人来说，阿那克萨戈拉的教义充满了危险。像苏格拉底这样的希腊人经常在黎明的时候向太阳神赫利俄斯献上祈祷。他们认为，否认太阳神或其他神灵，将会引起神的愤怒，并给整个人类带来惩罚。据说，阿那克萨戈拉就被指控不敬神。虽然伯里克利在审判时为他说话，但是，为了安全之故，阿那克萨戈拉还是被迫回到爱奥尼亚。这一事件大概发生在公元前5世纪30年代。当时，伯里克利正受到各方面的政治压力，他保护这位朋友兼老师的能力可能也不像以前那么强大了。

阿基劳斯是阿那克萨戈拉的一个信徒。因此，他很可能向他的年轻朋友介绍了阿那克萨戈拉的教义，以及这位伟大的人物本人。柏拉图告诉我们，苏格拉底一开始十分着迷于阿那克萨戈拉对物质现象的理性解释。阿那克萨戈拉的解释可能不同于麦里梭和其他思想家思辨的宇宙推论。阿那克萨戈拉思想的其他地方可能打动了年轻的苏格拉底。这位老哲学家曾说，变得富有或掌握权力不会让一个人幸福。他还说，如果大多数人把他看作"一个古怪的人"，他不会感到惊讶。[74]这似乎是苏格拉底铭记于心的教导。他将坚定地反对获取财富和权力，而且"古怪"（atopos）一词后来不断地被运用到他身上。

根据阿里斯托芬的《云》中的一个评论，我们很容易就发现苏格拉底和那些否认神灵的思想家在想法上是一致的。其中最重要的就是来自米洛斯的臭名昭著的无神论者狄奥戈拉斯（Diagoras）。他曾说，神灵是人们虚构出来的，用以解释像闪电和打雷这些令人害怕的自然现象。然而，当听到阿那克萨戈拉说，宇宙受到一种"指引心灵"的思想塑造时，苏格拉底尤为激动。他希望，这是哲学思考的一个新出发点。它将揭示人类生存的真正目的。由于热切希望学习这一教义，他跑到阿哥拉市集的书店，买下阿那克萨戈拉的书。这本贵重的书花了他一个德拉克马*，相当于一个劳工一天的工资。只有富有的雅典青年才能负担得起这个价格。

我们可以想象，青年苏格拉底带着热情的期望翻阅着这本书，然而却发现其内容令自己十分失望。对于阿那克萨戈拉来说，"心灵"不过是一个名称，用来称呼那些形成和建立宇宙的机械原则的起因。这一理论并没有告诉我们，世界为什么要按照这种方式组建起来，或者事物为什么最好是这样，而不是那样。就像更早时候和麦里梭的交往一样，苏格拉底看到的只是一个似乎拥有很大希望，然而最后也没有谈及核心问题的哲学教义。这个问题对于他来说，包含了强烈的意义和兴趣：人应该如何最好地生活？

---

* 德拉克马是古希腊的货币单位。——编者注

科学转向

　　青年苏格拉底对阿那克萨戈拉理论的兴趣表明,当时,他希望通过经验调查,更加精确地理解世界。柏拉图和色诺芬之所以淡化他们老师的这一方面,无疑是因为要避免笔下的苏格拉底与大部分非雅典出生的文士和教师之间产生令人厌恶的联系。后者被称为"智术师",其中可能包括阿那克萨戈拉、麦里梭和阿基劳斯。在一个科学尚未诞生的时代,他们的理论要求进行论证和证明。许多智术师教授辩论术,这是一门雅典公民要想在公共生活中取得成功就必须掌握的技能。这一点导致了一种怀疑,即所有的智术师更热衷于用充满说服力、高调的诡辩来提出观点,而不是讲真理。苏格拉底的学生和追随者自然不愿意他们热爱的老师(他的唯一兴趣是接近真理)和这些思想家牵扯在一起。

　　公元前423年上演的喜剧《云》可以证明苏格拉底早期对自然哲学和经验实验的热情。在剧中,主角苏格拉底提供了一套关于神的真实名称和作用的亵渎理论,并描述了研究世界如何运转的独特方法。比如,其中一个想象的实验就是,为了了解一只跳蚤可以跳的高度是其腿长的多少倍,他们为跳蚤制作了一双蜡做成的靴子,然后测量靴长的数值。在喜剧的其他情节中,主角苏格拉底还用了一些平凡而滑稽的理由(主要涉及人的肠胃气胀)来解释昆虫的发声过程和电闪雷鸣的现象。这些情节虽然充满了喜剧的滑稽,但是明显反映了,当时已经40岁的苏格拉底经常被人们看作一个对经验实验和科学猜测充满热情的人。

事实上,公元前5世纪利用观察和实验来研究自然现象的例子并没有留存下来。我们现在会把这种研究自然世界的方法看作科学。在该世纪更早的时候,一个叫阿尔克迈翁(Alcmaeon)的物理学家就试图通过解剖来发现把感觉器官和大脑连接起来的"气孔"。但是,像阿那克萨戈拉和麦里梭这些思想家的宇宙理论是受过最好教育的雅典人最接近科学的理论。苏格拉底可能想超越这些猜测,并通过具体研究理解世界的真正运作方式。

然而,这些种类的研究和他们提出的解释被大多数同时代人看作不相关的,甚至是不受欢迎的。上述的山羊头的故事对于那个时代来说是新奇的,因为它把对自然现象的实验观察和理性解释结合起来。尽管如此,拉普对于这一预兆的神秘解释和阿那克萨戈拉的理性解释在这个故事中占据着同等的地位,因为就像这个预言家所说,伯里克利的确战胜了他的竞争对手,成为雅典独一无二的领袖。[75]

在《斐多篇》中,苏格拉底讲到让他放弃科学探究的困惑:

> 当我年轻时,我对被叫作"自然科学"的智慧充满了热情,因为我认为,了解一切事物的原因真是棒极了,比如它为什么会这样?为什么会灭亡?为什么会存在?在探究这些问题时,我经常改变自己的看法:生命在冷或热环境中会腐烂吗?我们是用血液、气、火来思考,还是什么都不用?是大脑提供了我们的听觉、视觉和嗅觉,并让我们从中产生了记忆和观点吗?当获得记忆和观点之后,它们会创造出知识吗?[76]

历经两代人后,柏拉图的继承者亚里士多德将引入一种基于事实的方法论。他或多或少是我们所理解的科学的发明者。[77] 但是,在苏格拉底的时代,人们并不像亚里士多德所描述的那样,进行持久而艰苦的研究。相反,像阿那克萨戈拉——试图用理性主义的观点来取代宗教思想——这样的思想家会受到各个领域的迷信的雅典人的攻击。

在某种程度上,苏格拉底在他的青年后期才意识到,凭借对自然现象的经验研究,自己在探究真理的道路上不会走得多远。于是,他将自己的注意力转移到更有可能取得成功的事物上,并诉诸他个人的伦理爱好。他决定研究他的同胞及其未经省察的思考方式。[78]

雅典的领袖

苏格拉底与亚西比德、阿基劳斯和阿那克萨戈拉的关系让他进入了伯里克利的圈子。伯里克利出生于公元前495年左右,是雅典黄金时代著名的政治家、演讲家和将军。从公元前5世纪60年代末起,他就一直领导着战争年代与和平年代的雅典,长达40年。作为一位贵族出身的平民领袖,伯里克利被历史学家修昔底德描述为"人民的支持者",继承了母亲来自有权势的阿尔克迈翁家族的血统。这个家族还诞生了雅典民主制度的奠基者克里斯提尼(Cleisthenes),以及其他重要的政治人物。

伯里克利因其坚定而廉洁的领导而闻名。一些喜剧作家嘲笑他对阿斯帕西娅顺从的爱和尖尖的脑袋,这个身体特征据说是他一旦出现在公众面前就经常戴着头盔的原因。由于其高超的演讲能力,喜剧作家把他称为"奥林匹斯山上的宙斯",但是,他们也讥讽他为"洋葱头"。喜剧往往以这种方式来嘲笑某些身体特征，比如，阿里斯托芬就嘲笑过自己的秃头，并形容其他人"目光斜视""骨瘦如柴""乱发"，等等。不过，我们应当注意，归之于老年苏格拉底的好色特征（比如翘鼻子、凸眼睛）在《云》中并没有被提及；相反，我们看到的是一个瘦弱、长头发和衣服破旧的思想者。

伯里克利是在时刻面临着强大的波斯帝国入侵的阴影下成长的。在公元前480年的萨拉米斯海战中，刚刚获得公民权的雅典舰队的水手们在击退敌军上发挥了关键的作用。公元前472年，伯里克利安排资助了《波斯人》（*Persians*）的出演，这是埃斯库罗斯（Aeschylus）创作的一部悲剧。作为唯一保留下来的、基于历史的希腊戏剧，它强调并颂扬了雅典水手的勇气和决心；多亏了他们，波斯国王薛西斯才会被打败。他们的行动可能激励了贵族出身的伯里克利将自己塑造为一个平民领袖。他扩大公民权的好处是这样就可以把所有的雅典人（无论穷人还是富人）都带到积极参与雅典民主体制的行列中去。他和他的政治伙伴得到了雅典水手的支持，以执行激进的政策，这自然牺牲了以保守政治家基蒙将军为首的贵族的利益。

公元前454年，苏格拉底还是十五六岁的少年。当时，在伯里克利的呼吁下，雅典人投票支持将提洛同盟的金库从提洛岛搬到雅典。这个举动象征着雅典从同盟的领导者转变为一个帝国。伯里克利利用这个机会，把从盟国流入雅典的贡赋用来建造巨大的工程。这将扩大雅典的势力,并把它塑造为一个帝国中心。建造的核心是帕提侬神庙,它是献给卫城上的雅典女神雅典娜的。这将是一座无与伦比的宏伟建筑,包括一座巨大的由黄金和象牙筑成的雅典娜雕塑。这座雕塑是由伯里克利的朋友、雕塑家菲狄亚斯(Phidias)建造的。

苏格拉底的父亲索夫罗里斯库斯与其他泥瓦匠、石匠、雕塑家和手艺人一起,都从伯里克利发起的建造计划中受益良多。帕提侬神庙的财政开支被刻在一块石头上,并一直留存到今天。根据石头上的记录,最大的单项开支来自从大约10英里(16千米)之外的佩泰利卡山上运来的石头。而制作和雕刻石头的开支不可能比这更少。在接下来的几年里,伯里克利的政治对手、梅勒西亚(Melesias)之子修昔底德(Thucydides)激烈地抨击了他在建筑项目上的过度开支。基蒙死后,修昔底德成为他的继承者,即保守集团的领袖。这个修昔底德不是人们熟悉的历史学家修昔底德(虽然他们可能是亲戚),而是一个苏格拉底可能见过的政治家,因为他也来自阿诺普克。伯里克利发表演讲说,只要在捐献物上刻下自己的名字,他就同意拿自己的私人财产捐给城邦,以补偿所有可疑的开支。于是,他赢了这场争论。随后,修昔底德在公元前443年被民众通过陶片放逐法流放。陶片放逐法规定,如果足够数量的投票民众在陶片上写下某个政治家的名字,他就将被放逐。就像拉普曾经根据山羊角预言的一样,修昔底德的离去使得伯里克利成为雅典几乎无人能与之匹敌的领袖。

在这段时间,伯里克利在军事和政治上都十分活跃。公元前450年左右,当苏格拉底达到入伍的年龄时,雅典和波斯签订了一份和平协议,这使得雅典可以自由地在爱琴海扩张自己的势力。[79]公元前447年,当帕提侬神庙的建造开始时,伯里克利的朋友克利尼亚被任命领导重装步兵。这支军队在喀罗尼亚战败。就像本书前面说的一样,这场行动可能让22岁的苏格拉底第一次见识了战场。这个年轻的石匠在战场上的作用,加上其显著的搜查才能,很可能会让伯里克利眼前一亮。如果是这样的话,就可以解释为什么伯里克利会在公元前447年秋天同意苏格拉底成为亚西比德的老师之一。当时,亚西比德的父亲克利尼亚在喀罗尼亚战死,把这个4岁的孩子托付给了伯里克利。

知识分子

公元前430年,在伯罗奔尼撒战争第一年结束的时候,伯里克利利用纪念死者的机会发表了一次演讲,总结了他领导下的雅典在25年内取得的成就。历史学家修昔底德亲身聆听并记录了这篇著名的葬礼演讲。伯里克利宣称:"我们追求没有奢华的美,不失勇武的智识。对我们来说,繁荣是行动的激励,而不是吹嘘的借口。"[80]他继续说道:

"总之,我认为,我们的城邦整体上是希腊的学校。我们中的每个人都拥有一种自足,这种自足让我们可以享受到一系列经验,并轻松地适应新的环境。"

在伯里克利的鼓动下,雅典人对美的追求将产生一项最为持久的建筑成就,即帕提侬神庙。考虑到该项目的巨大开支,没有奢华的说辞似乎更像一种自我辩护的行为。但是,有人提出,伯里克利的目的是和更为奢华的波斯建筑进行比较,就像"不失勇武的智识"这一短语是为了和斯巴达人比较一样,后者被视为勇猛有余,而智识不足。[81]同样,"不失勇武的智识"这一短语可能让人想到哲学家兼战士苏格拉底,他在这两个方面都值得人们钦佩。苏格拉底因为拒绝物质财富和浮夸而变得有名,毫无疑问,他会挑战伯里克利的这一观念,即"繁荣"之所以必需,是因为它是"行动的激励"。

然而,当伯里克利称雅典是"希腊的学校",并赞美自己的同胞多才多艺，富有创新精神时，他是对的。帕提侬神庙的首席建筑师是雅典人伊克提诺（Ictinus）和克里凯托斯（Callicrates），而整个项目的总负责人是伯里克利的密友兼伙伴雕塑家菲狄亚斯。他用象牙和黄金制作的雅典娜巨型雕塑在公元前438年递交给帕提侬神庙。这些优秀的人物和伯里克利的随从（在柏拉图的对话中出现过）肯定非常了解青年苏格拉底。虽然大多数工匠和实干家出身低微或中等，但是，公元前5世纪活跃于雅典的许多思想家和艺术家都是出身高贵的外邦人，他们吸引了同样出身高贵的当地学生。柏拉图给出了其中一些人的名字。

一些智术师同样出生于雅典，比如达蒙（Damon），据说他传授的苏格拉底音乐理论，就来自雅典的欧奥。达蒙是伯里克利的一个密友，据说对伯里克利的政治观点产生了重要的影响。一个音乐教师怎么会产生政治影响力呢？柏拉图把达蒙描述为"一个伪装的智术师"，这暗示他的音乐技能只不过是政治目标的掩盖物。如果是这样的话，这很可能支持了伯里克利的反精英立场。尽管达蒙在政治上可能是一个平民主义者，但是，就像柏拉图在《理想国》（*Republic*）中引用的一样，他最著名的论断一直以来被解释为音乐领域中的极端保守倾向。他说："如果社会和政治领域不发生激进的变革，音乐风格就不会改变。"然而，有人论证说，达蒙的这个论断不应该被看作在维持音乐的稳定性,而是相当危险的,旨在说明通过引入和鼓励新的流行样式,音乐可以作为一种促进和实现政治领域上的激进变革的方式。[82]无论其目标是什么,他的努力都引起了反对,就像伯里克利的圈子中其他著名人物的遭遇一样,比如阿那克萨戈拉、菲狄亚斯和阿斯帕西娅。达蒙最后被放逐,流亡国外。在雅典,有影响力的成功人物要想长期受欢迎是很困难的。

阿布提拉的普罗泰戈拉是这些智术师中最有名的人物,也是伯里克利的密友之一。在柏拉图的《普罗泰戈拉篇》中,他在一个富人——希伯尼库斯(Hipponicus)之子卡利亚斯(不是波提狄亚战役的将领卡利亚德之子卡利亚斯)的家里讲学。在这里,他后来和苏格拉底进行了广泛的讨论,话题涉及美德、知识和教育。据说,普罗泰戈拉是第一个开始收费教学的智术师,而且他挣的钱比菲狄亚斯和其他10位雕塑家加在一起还要多。当雅典人于公元前443年在意大利南部的图里奥建立新殖民地时,普罗泰戈拉被委任为他们草拟宪法。毫无疑问,这是出于审慎考虑。

富有的卡利亚斯在普罗泰戈拉这样的思想家和比苏格拉底年轻的同时代人——比如伊利斯的智术师希庇亚斯(Hippias)和卡俄斯的智术师波提库斯(Prodicus)——身上花了大笔的钱。这一时期的苏格拉底由于拒绝物质利益,没有因为教学而收钱。尽管苏格拉底与雅典政治领袖相熟识,并且经常服兵役,但是,他不再对参与政治或者获得公共影响力感兴趣。事实上,就我们所知,苏格拉底担任公职的唯一情况发生在晚年,即公元前406年10月。

苏格拉底的公民义务

让我们将时间快进到公元前406年。此时,雅典民主制发展出一种通过抽签分配公民义务的制度。这一年,苏格拉底的部族安提阿古斯负责管理公民大会的议程。一天,正好轮到苏格拉底担任议事会的主席。这意味着,这一天他将主持公民大会及其议事会,后者与前者相比规模较小。同时,他要完成一些仪式职责,比如守护城邦的象征、宝库和档案馆的钥匙以及雅典的公章。

苏格拉底在担任公职的这一天碰上了一场激烈的争论。对于雅典舰队来说,这一年年初爆发的阿吉纽西海战是一场胜利,但是,战争结束之后,10位将军中有8位被指控未能转移伤员和收集阵亡将士的尸骨。其中一位将军是小伯里克利,由阿斯帕西娅所生。根据色诺芬的记载,苏格拉底和他关系甚好。这一天,其中6位将军将因为这一失职行为集体受到审判(有2位将军不在场,他们没有回到雅典)。这明显违背了雅典法律,因为受到死刑指控的被告必须单独审判。[83]

苏格拉底拒绝把定罪审判提交给公民大会投票表决,认为这是违法的。然而,他未能阻止这一审判,后来不得不宣称,"自己看起来很愚蠢"。考虑到苏格拉底在触犯众怒时表现出来的勇气,这个评论充满了巨大的反讽(如果不是故意的话)。尽管他付出了努力,但将军们最后还是被判刑并处死。不久,雅典人就会为这个极端而轻率的决定后悔。

20多年前,在修昔底德记录的公元前430年的葬礼演讲上,伯里克利宣称:"我们认为那些不履行公民义务的人不是没有雄心壮志,而是无用。"后世的作家暗示说,阿斯帕西娅参与草拟了这篇演讲稿。无论她有没有做,这些话可以解读为对苏格拉底本人的一个影射,因为他明显拒绝参与政治生活,并不是完全支持伯里克利的领导。在柏拉图的《理想国》中,我们找到苏格拉底是这样评论政治抱负的:

> 如果一个人既不担任公职,也不掌权,那么这将导致的主要问题就是,他会被下等人统治。我认为,这种忧虑将会让较好的人去执政。他们不是把它看作一件可以享受或受益的事情,而是一种必要的恶,因为他们找不到比自己更好的人来做这件事。

虽然苏格拉底的军旅经历让他可以反对无用的指控，但与他的朋友兼学生亚西比德形成鲜明对比的是，他有意选择远离政治。对于这一点，伯里克利和阿斯帕西娅不会同意。两人都意识到苏格拉底的出色才智，以及他在那些出身高贵的崇拜者和追随者的圈子中拥有的道德影响力。苏格拉底不仅被很多人热爱，而且他本人也是一个爱人者，献身于对爱神厄洛斯的研究。因此，当伯里克利使用一个独特而充满情色的隐喻来呼吁听众"日复一日地凝视这个城邦的力量，成为她的忠实爱人"时，他的话就是在含蓄地纠正苏格拉底。这位哲学家在他的生活和思想中，热爱的不是城邦及其力量，而是个人和观念。[84]

原始资料的沉默

在柏拉图和色诺芬的著述中，当谈到伯里克利时，苏格拉底往往带着某种熟悉和谨慎。这说明苏格拉底并不是完全支持伯里克利及其政治成就。比如，在柏拉图的《亚西比德篇》中，苏格拉底说，伯里克利不能被视为充满智慧的人，因为他没有把他的智慧传给自己的儿子或朋友克利尼亚。苏格拉底问道：

"任何雅典人或外邦人,无论是奴隶还是自由人,有谁在与伯里克利的交往中变得更加有智慧了呢?"亚西比德默不作声。

这一问题说明,苏格拉底非常了解伯里克利,以至于反驳他自称有智慧的论断。但是,我们没有得到任何表明两人有私人联系的迹象。然而,根据苏格拉底的很多背景资料——苏格拉底出生于阿尔克迈翁家族居住的乡镇,他的父亲和伯里克利的建筑项目之间的可能联系,他与阿基劳斯、阿那克萨戈拉和达蒙的关系,他与伯里克利的监护对象亚西比德和伯里克利的妻子阿斯帕西娅的亲密交往,以及色诺芬描述的他和小伯里克利的友谊——我们不可能认为,苏格拉底与雅典这位著名政治家完全没有密切接触。

如果是这样的话,为什么柏拉图和色诺芬对此缄默不言?很可能,他们没有足够的相关证据。毕竟,伯里克利在公元前429年去世,此时距离两人出生还有好多年。或者这可能是因为,尽管苏格拉底早期熟悉这位年长的政治家的圈子(伯里克利比他大25岁),但他后来选择追求哲学而非政治或军事,这一点让伯里克利很生气。反过来,伯里克利统治下的雅典民众变得越发肆无忌惮,这一点也让苏格拉底颇为悲观。[85]这些差异让二人曾经温和的关系一下子变得冷却。

包括柏拉图在内的一些古代作家认为,伯里克利的伴侣阿斯帕西娅草拟了"葬礼演讲"。大多数现代历史学家对阿斯帕西娅可能在某种程度上为演讲出力的观点不以为然，认为这一推测很可能过于草率了。显然，苏格拉底极力躲避雅典政治的喧嚣，而伯里克利和阿斯帕西娅可能都不赞同这个选择。与之相反，他们鼓励自己的儿子小伯里克利积极参与公共生活。苏格拉底可能会反驳说，在长期投身于哲学追问之后，他并没有放弃服务国家，比如，他积极参加了公元前424年的代立昂战役和公元前422年的安菲波利斯战役。但是，没有迹象表明苏格拉底曾在任何地方或国家的机构工作过。而这是对一个口才流利并且受过教育的公民的要求，直到他最终在公元前406年被抽签抽到时才这样做。

　　如果说伯里克利或阿斯帕西娅都不赞成苏格拉底成为一个在政治上消极的哲学家，那么，在苏格拉底死后，希望最好地展现老师形象的柏拉图和色诺芬可能就不愿记述这些批评意见。同样地，这存在一种危险，即苏格拉底对伯里克利的平民主义政治的批评可能会被解释为一种反民主的立场。这是两位传记作家试图消除的一种意见。然而，还有一个理由可以解释他们为什么掩盖苏格拉底和伯里克利的相识。这涉及苏格拉底和阿斯帕西娅的关系，尤其是在后者成为伯里克利的伴侣之前。为了理解这一关系是什么，以及它是如何发展的，我们必须用一种新的眼光来看待苏格拉底的成长背景和早年证据。

第五章

一个哲学家的诞生

阿波罗的女祭司皮提亚回答:
"没有比苏格拉底更有智慧的人了。"

在写作于19世纪80年代的《偶像的黄昏》(Twilight of Idols)中，德国哲学家弗里德里希·尼采（Friedrich Nietzsche）曾对苏格拉底及其"低贱"出身发表了一段持续不断且充满敌意的长篇大论。他的观点佐证了一种被归之于甚至被强加于古希腊人的美学偏见，即出身、性格和教养可以清楚地从一个人的外貌上表现出来：

在出身方面，苏格拉底属于最低贱的阶层，他是一个贱民。有人知道，也有人亲眼看见，苏格拉底长得很丑。但是，在希腊人中，丑陋（其本身就是一种反对）几乎就是一种驳斥。苏格拉底是不是一个希腊人？丑陋经常被当作一种发展受阻的标志，这种发展被杂交所打断。或者，它似乎是一种正在衰退的发展。研究犯罪的人类学家告诉我们，典型的罪犯就是丑陋：面目狰狞，内心扭曲。但是，这个罪犯是一个堕落者。苏格拉底是一个典型的罪犯吗？至少那个著名的面相理论家的看法不会与这个思想相抵触，即使苏格拉底的朋友对此十分厌恶。一个经过雅典并懂得如何相面的外邦人告诉苏格拉底，就其面孔而言，他是一个怪胎，他身上充满了各种邪恶的缺点和欲望。苏格拉底回答说:"先生,你很了解我!"[86]

然而,尼采夸大了老年苏格拉底的丑陋。正如我们所见,"经过雅典并懂得如何相面的外邦人"——色雷斯人佐普鲁斯——并没有把自己的致意评价建立在对苏格拉底面相的解读上。而且,尼采也未能联系这个故事的后续,即后来苏格拉底机智地评论道,通过理性的训练,他成功地压制了佐普鲁斯归之于先天性格的特征。虽然他的面孔容易引起别人的敌意,但是,他拥有个性和才智来驳斥批评者。

老年苏格拉底的观察者还在哪些地方误解了青年苏格拉底呢?前几章已经给出了苏格拉底和伯里克利的圈子密切接触的事实。他年轻时和阿基劳斯的关系,后来又和阿那克萨戈拉、达蒙这些著名知识分子相识,他经常造访富有的卡利亚斯等人的家,以及更重要的是他和伯里克利的监护对象亚西比德的长期亲密关系——所有这些都允许我们认为,苏格拉底在某个阶段和伯里克利有过私人交情。

把苏格拉底和这位雅典著名政治家(阿尔克迈翁家族的一个贵族继承人)联系在一起的纽带提出了更进一步的问题,该问题涉及这位哲学家的背景和社会地位。这些问题在传记作家那里还没有得到解决。为了解决这些问题,我们需要回到苏格拉底的生命起点,看一下就他的出身可以发现些什么。

出生、阶级和社会地位

苏格拉底出生的那一年差不多是波斯国王薛西斯领导的30万军队被不足其一半的希腊联合军队打败的10年后。公元前479年,在普拉提亚的最后关键之战中,雅典人发挥了为人们所称颂的作用。普拉提亚临近雅典北部的底比斯。在波斯人的魔爪下,他们的土地和乡村——遍布于被视为雅典领土的阿提卡地区——经历了流血杀戮、父子伤亡、炉灶和神殿被毁。在苏格拉底的青年时期,这片土地仍然满目疮痍,充斥着被毁坏的建筑和被烧毁的农宅。但是,波斯人已经退去,阿提卡将在接下来的数十年里保持和平。

公元前469年,苏格拉底出生于阿诺普克的郊区,这是雅典城外的一个村庄。[87] "苏格拉底"这个名字的意思是"身体健壮"。从他后来的相貌和体格来看,他当时可能是一个尤为强健的婴儿,力量清楚地展现在他圆胖的四肢上。在苏格拉底的时代,阿提卡平原(中心是雅典)被分为好几个自治区,包括郊区村庄和城镇市区。历史学家计算出有139个自治区,从像艾留西斯(Eleusis)和阿卡奈(Acharnae)这样拥有六七千居民的大型市区一直到像阿诺普克这样拥有三四千居民的小型村庄。每一个自治区都由为了宗教、军事和征税而设立的区长和地方官员统治。同一地区的自治区组成一个"三分区"(Trittys)。老式英语中表达"地区"的单词"riding"一开始也是"三分区"的意思。

当一个18岁的年轻人在自治区名单上登记时,他作为雅典人的公民权(只授予自由出生的男子而不包括妇女)就会得到确认。在几个世纪之前,人们通过成为一个氏族的成员而成为公民。这些部族在财富、权力和土地占有方面各不相同。当雅典政治家克里斯提尼在公元前6世纪末实行民主改革后,所有自由的阿提卡男性居民只要超过18岁就可以成为雅典的公民,平等地处于法律的统治下。

这场改革的目的在于削弱包括阿尔克迈翁家族在内的传统地主家庭的权力。作为改革的一部分,克里斯提尼在公元前507年将阿提卡地区进一步分成10个部族,并用传说中的地方英雄的名字来命名,比如用厄瑞克透斯(Erechtheus)和埃阿斯(Aias)的名字来分别命名厄瑞克泰斯(Erechtheis)和安提斯(Aiantis)两个部族。[88]每个部族包括三个"三分区":一个来自沿海，一个来自城市，而另一个来自内陆。这些划分创造了新的部族身份。正如克里斯提尼指出的一样，它切断了传统的氏族忠诚，并奠定了雅典民主制度的基础。

阿诺普克以其石工、泥瓦匠和雕刻工而闻名，其中就包括苏格拉底的父亲索夫罗里斯库斯。它拥有几千人口，其中可能有1200名雅典公民（18岁以上的自由男子），[89]剩下的都是女人、奴隶、外邦人（经商的非雅典居民）、青少年和孩子。虽然雅典一直被描述为一个"面对面"的社会，但是，按照古代的标准，它是一个大都市。与中心市区相比，阿提卡的小型村庄可能内部联系更加紧密。在苏格拉底所在的村庄，大多数成年男性公民很可能互相熟知。住在该村庄的居民就有阿尔克迈翁家族的成员。这个著名的家族产生了一代代杰出的政治和军事领袖。

公元前5世纪40年代，也就是赶走波斯人以后，雅典人在伯里克利的激励下花了数十年的时间来积极建设公共工程。因此，对于有上进心的石匠来说，战后的岁月可能是一个利润颇丰的时期。雅典人肯定委托像索夫罗里斯库斯这样的石匠为修复或建造新神庙提供雕塑，并用新的雕像和雕带装饰门廊和市政建筑。值得一提的是，索夫罗里斯库斯是莱西马库斯的密友，后者是战争英雄和克里斯提尼的旧日伙伴阿里斯提德（Aristides）的儿子。阿里斯提德因其廉洁而被人们取名为"正义"。

这些家族联系与苏格拉底出身"低贱"的说法明显不符。

虽然他的出身不怎么高贵，但是，他父亲的职业也是受人尊重的。在柏拉图的《拉凯斯篇》中，据说苏格拉底因为树立了一个"贵族"父亲的榜样而赢得"良好的赞誉"。这个词语同时暗示了他的社会地位和道德地位。[90]在色诺芬的《家政论》（*Oeconomicus*）中，"真正的绅士"（kalos kagathos）这一词语给出了类似的暗示。在那里，苏格拉底以一个裁判者的身份出现，判断这样一个"绅士"可能是什么。虽然色诺芬把这一词语扩展到道德领域，但是，其"社会地位高"的常用含义表明，苏格拉底本人十分享受这样一种地位。[91]

　　黛博拉·纳尔（Debra Nails）这样写道："不断有暗示（然而仅仅是暗示）说，苏格拉底和雅典贵族有关，尽管他很贫困，并且拒绝把公民大会作为论坛。"黛博拉是一本综合性学术著作《柏拉图的人民》（*The People of Plato*）的作者。该书给出了柏拉图著作中提到的所有人的背景和历史。苏格拉底的精英教育、他与伯里克利的内部圈子的亲密交往、他长期作为重装步兵服役的经历，所有这些都证明他来自一个有一定财富和地位的家庭。苏格拉底之妻米尔托是莱西马库斯的女儿、阿里斯提德的外孙女，这同样暗示他和雅典上层精英有关系。赞西佩（苏格拉底第二位伴侣）、朗普克洛斯（赞西佩生的儿子）的名字也有类似的暗示。作为一个养家糊口的人的儿子，苏格拉底不可能是贵族阶层的一员。但是，他肯定不是尼采所说的属于

"最底层的阶级"。[92]也可能是因为索夫罗里斯库斯娶了苏格拉底的母亲菲娜拉底(Phaenarete,意为"耀眼的美德"),其名字意味着她可能是上层阶级的子女。她的主要职责可能是照顾家庭。柏拉图笔下的苏格拉底说她是一个"助产士"。虽然人们经常从字面上来理解这个词,但是,它听上去几乎不像是一个固定的职业。相反,它可能在影射她在苏格拉底生活中的象征性作用。就像这位哲学家把自己视为高贵思想的"助产士"一样,他的母亲也可以被看作一个有德性的儿子的"助产士"。这个孩子可以说为他的家庭带来了良好的赞誉。

雅典法律规定,父亲必须传授儿子一门职业技能。对于上层阶级来说,贵族青年所需要的是军事训练、政治素养和地产管理能力。虽然许多非贵族出身的雅典人拥有一些土地,大多数人还拥有奴隶,但是,苏格拉底并非出身于一个地主家庭。除了负担孩子接受音乐和体操教育的费用,索夫罗里斯库斯可能不久就让苏格拉底在工作坊里做一个石匠或者石工。早年,苏格拉底可能通过抬举、运送和刨削大石块,以及用锯子、凿子、锥子和锤子来切割、雕刻大理石,训练出强壮的体魄和敏捷的身手。这将让他在战场上如鱼得水。苏格拉底对雕刻石塑的兴趣贯穿他的一生。但是,年轻时他就已经发现,与辛苦的雕刻手艺训练相比,头脑的训练对于他来说更加让人喜爱,并且更为重要。

精英教育

　　无论苏格拉底的出身归于哪个确切的社会阶层,柏拉图和色诺芬都通过把他塑造为一个接受了最高教育和文化熏陶的人来证实他的地位。在他们的著作中,苏格拉底经常征引荷马、赫西俄德(Hesiod)、奥格尼斯(Theognis)、品达(Pindar)、西蒙尼德(Simonides)和萨福等人的作品。在柏拉图的《美诺篇》中,苏格拉底能够出色而清晰地教授新近发现的、现在被称作"毕达哥拉斯定理"的数学证明,即直角三角形的两条直角边边长的平方和等于斜边边长的平方。[93]他对雅典上层阶级接受的部分教育内容非常精通。在柏拉图的《伊安篇》(*Ion*)中,苏格拉底通过引用荷马的句子,并附上相应的专业口头评论,远远超越了职业的《荷马史诗》朗诵者伊安。[94]这篇对话就是以伊安的名字命名的。苏格拉底知道如何弹奏里尔琴、唱歌、跳舞和创作诗歌。最重要的是,他还是一个口才流利、兴趣广泛的辩论者和对话者。他既不会被当时最出色的思想家打败,也能够和三教九流侃侃而谈。

这些特点不是苏格拉底在晚年才习得的。虽然我们没有苏格拉底是如何以及在哪里获得这些教育的直接信息，但是，柏拉图的对话《普罗泰戈拉篇》详细记载了苏格拉底关于应该如何教育一个出身良好的雅典少年的讨论。普罗泰戈拉是一位受人敬重的智术师，是比苏格拉底大的同时代人。普罗泰戈拉观察到，"有钱人的孩子受教育的时间最早，结束也最晚"。

随着波斯战败，雅典境内的石雕、神庙和建筑市场得到迅速发展。在这样一个时期，一个技艺娴熟的石匠无疑会积累财富。与富有的父亲这一地位和抱负相适应的是，苏格拉底的基础教育可能从阅读和写作开始，并在他进入12岁之前持续了数年。我们不需要将当时的教育方法理想化，因为它非常严格，并且经常使用体罚。传授入门知识的人大多是奴隶，他们是一些在战争中被俘虏的希腊人或其他地方的人，或者奴隶的后代。就像亚西比德粗暴对待他的老师一样，这些传授知识的奴隶可能也会受到那些出身优越的学生的不友好对待。

在12岁到15岁期间，雅典少年会接受音乐和体育指导。这一时期，他们的老师很可能是一些拥有专门技艺的雅典公民。学生必须记住一些传统诗歌的段落，从《荷马史诗》开始，然后拓展到爱情、生活和英雄方面的诗歌，它们来自萨福、阿尔凯奥斯（Alcaeus）、阿那克里翁、西蒙尼德和品达等诗人。他们会被传授如何演奏乐器，比如里尔琴和阿夫洛斯管（一种套管乐器），并且能够随着伴奏一起唱歌和朗诵诗歌。像苏格拉底这样聪明的学生可能会受教于他的父亲或者一些受人敬重的老师，比如音乐家兰普诺斯（Lampros）、思想家阿基劳斯和阿那克萨戈拉。在柏拉图的《泰阿泰德篇》中，苏格拉底就说道："当我还小的时候，我见过这位年迈的哲学家巴门尼德。"

一般认为，雅典教育体制同时注重发展个性和技能，致力于培育有文化、有体魄的人，而不仅仅是文化人。音乐就是其中的一个关键部分。音乐在雅典十分流行，是古希腊文化和宗教生活的中心。它包括歌曲、文学和舞蹈。除了作为娱乐和休闲的形式，它还被看作对社会和文化教育都至关重要的技能，既是表达宗教虔诚的一种重要方式，又是训练军事纪律的办法。[95]

据说，青年苏格拉底的音乐和舞蹈老师是雅典人兰普诺斯。他被视为戏剧作家索福克勒斯的老师，比苏格拉底大25岁以上。当时，兰普诺斯（他的名字在希腊文中意为"有名的"，因此可能是一个昵称）可能是一个老者。他被看作当时最好的音乐教师，因其作品而和品达这样的著名抒情诗人相提并论。兰普诺斯后来被视为那个时代"最高贵的"音乐的代表人物之一，而且一份当时的描述显示，尽管年老，但他还是那时音乐创新的前沿人物。[96]人们可以认为，他是该领域一个受人高度敬重的实践者。苏格拉底有这样一个老师的事实证明，他的家庭远不是卑贱或贫困的。

正如我们所见，老年的苏格拉底同样从一个音乐教师那里学习里尔琴。他就是梅托拜尔斯（Metrobios）之子孔诺斯（Konnos）。这往往被解读为苏格拉底是从成年时开始学习里尔琴的，早年没有受过音乐方面的教育。然而，苏格拉底早年向兰普诺斯学习的记录，以及他一生都对音乐和诗歌充满热情并不断回忆起它们的事实证明，实际情况恰恰相反。柏拉图笔下的苏格拉底广泛征引早期著名诗人的经典作品。一个人只有对音乐的真正意义有深刻的理解，才会提出那一格言，即"哲学是最高的音乐"。

苏格拉底后来继续学习音乐，这将为他展现公元前5世纪末的音乐景象，就像他的朋友阿伽松（柏拉图笔下会饮的主人）的戏剧作品和音乐家（比如米利都的提谟修斯）的流行独奏作品中呈现的一样。成年苏格拉底之所以向孔诺斯学习音乐，可能是因为里尔琴的技艺和音乐风格大大发展了。这是当时所谓的"新音乐"的一个显著特征。悲剧作家欧里庇得斯对新音乐的风格非常熟悉。欧里庇得斯的一段著名的乐谱保留在了一张莎草纸上。这段迷人的音乐来自公元前408年上演的悲剧《俄瑞斯特斯》（Orestes）中的一段合唱。

《俄瑞斯特斯》中的合唱音乐最近被复原,表现出一种大胆而有节奏的风格。其中,音乐的跳跃和韵律被用来表现合唱的歌词含义,而在诗歌的高潮部分,慷慨陈词又突然闯入合唱之中。在当时流行的资料中,许多趣闻逸事把苏格拉底和欧里庇得斯在不同方面联系起来。他们在智识上有着如此之多的共同点,以至于有人说苏桦拉底是欧里庇得斯的"老师"。[97]然而,苏格拉底感觉到,新式音乐的某些方面太过火了,它们对社会习俗造成了负面影响。[98]

少年苏格拉底接受的音乐和体育训练同样让他爱上了舞蹈。他敏锐地意识到,这种活动既具有审美上的吸引力,又有益于健康。在色诺芬的《会饮篇》中,宴会上的人们带着羡慕的眼光欣赏着一个少年跳舞。苏格拉底评论说:"虽然这个少年长相漂亮,但是,你难道没有看到他起舞的时候比不动的时候更加漂亮吗?他身体的任何一处都没有静止不动,他的脖子、腿和手都在舞动。一个人要想保持身体灵活和健康,就应该这样跳舞。"

随后,苏格拉底请求这些职业的舞者教他舞蹈动作。他们刚刚为这场宴会表演了一个充满活力的舞蹈节目。就像苏格拉底后来学习里尔琴的证据一样,这也被世人误解为苏格拉底不懂如何跳舞。但是,一个人如果之前没有接受过任何训练,就不会请求其他人给自己指导舞蹈动作。苏格拉底显然知道,舞蹈不仅是娱乐和训练手段,而且是一件更为严肃的事情。他创作的诗歌中有这么一句话保留至今:"那些借助最好的舞蹈称赞上帝的人也是最擅长战斗的人。"这样一句话表明,苏格拉底本人是一个优秀的舞者,并暗示,他的舞蹈训练和战斗能力具有某种密切的联系。正如我们所见,他在战斗能力上做好了充分准备。

雅典士兵需要保持体格强健,以利于进行战斗。与在体育场上进行训练的运动员一样,皮洛士战舞似乎是一种磨炼青年人在艰苦的战斗中提高自身能力的方法。皮洛士战舞考验舞者的体力和敏捷度。就像我们熟知的斯巴达战舞一样,它包括跳过障碍物、投掷和躲避炮弹,以及使用盾牌。[99]除了这些训练,苏格拉底时代的雅典没有提供任何其他种类的正规军事训练。在伯里克利的葬礼演说中,缺少训练甚至被推崇为一种美德,并与斯巴达人的不断操练和战斗准备形成对比。相反,伯里克利强调雅典人的士气和多才多艺。

当苏格拉底成年后,他可能参加过一些会饮;在那里,人们躺在坐垫上,让妓女和乐女陪侍左右,欣赏着音乐和歌唱。这些会饮都是一些男性场所,其中,有伤风化的歌词的存在是一个普遍的现象。

英雄志向

至此我们知道,苏格拉底年轻时肯定学过吟诵传统诗歌、弹奏里尔琴和跳舞。除了石工训练,他还进行过体育训练、格斗,而且作为合唱队成员参加过一些宗教和戏剧表演。像这样一个成长于相对富裕家庭的雅典少年,再加上和上层阶级有某些联系,身边又是贵族家庭的孩子,我们能够期望他有什么样的抱负和志向呢?答案是这样一个少年想成为一个英雄。正如我们所见,亚西比德的核心目标是获得荣誉。类似地,苏格拉底也会通过体能训练和智识成就来得到同龄人甚至雅典社会的欣赏和认可。

对于养马的贵族阶级来说,最高的非军事荣誉就是在运动项目上取得胜利。但是,这种成就往往是胜利者花费巨大开支,赞助一批批骑手和运动员之后取得的成果,而不是亲自展现他们本人的运动技能。亚西比德在各种城邦之间的比赛中赢得了众多奖项,名声大噪。这一声誉在公元前416年达到巅峰:当时,亚西比德参加奥林匹克运动会,并在七进三的赛马项目上取得辉煌成绩。[100]

然而,许多希腊人认为智识成就比体育荣誉更加重要。他们会同意公元前6世纪哲学家色诺芬尼(Xenophanes)的观点。以下这段诗歌就表达了色诺芬尼的犀利看法:

> 我们的习俗充满了可笑,
> 赞扬一个强壮而非聪明的人是不对的……
> 奥林匹克运动场上的一次胜利,
> 不会让这个城邦变得富有。[101]

苏格拉底肯定知道这些诗句。在柏拉图和色诺芬的笔下,这个老人在智识舞台上表现得异常争强好胜。然而,青年苏格拉底也是一个技艺娴熟的舞者、格斗家和战士。就像荷马笔下的英雄阿喀琉斯一样,他通过歌唱和朗诵几个世纪前的伟大诗歌的音乐形式来抚慰自己的精神。[102]正如我之前所暗示的,荷马建议青年人在追求军事荣誉时,"总要超越他人"。这一诗句很可能也成为青年苏格拉底的座右铭,放在亚西比德身上亦是如此。但是,苏格拉底在成年早期发生了一些变化。等到苏格拉底的主要传记作者认识他时,他已经对年轻时汲汲追求的荣誉、财富和地位不再感兴趣了。

物质的问题

从他的传记作者认识他起,苏格拉底为人所知的几个特点就是:光着脚走路、不顾及外表和穿着破旧的衣服。在公元前423年上演的《云》中,阿里斯托芬就嘲笑苏格拉底及其信徒一贫如洗,以至于要骗取思想所到访者的外套和鞋子。这一资料没有清楚地说明苏格拉底的财产状况,但是,他出身卑微的看法部分来源于他作为哲学家的形象——中年和老年的苏格拉底经常处于穷困潦倒的境地。

然而,作为一名重装步兵,苏格拉底肯定需要获取和维护一套昂贵的装备,包括头盔、矛、剑、盾和盔甲,以及盔甲的一些重要部件,比如护胫甲和护胸甲。色诺芬记录的一篇对话显示,苏格拉底拥有作为一名士兵的亲身体验,即拥有一副耐用且合身的护胸甲会是什么样的感觉。[103]一些人暗示说,苏格拉底之所以不断参加军事战斗,是因为要获得雅典在战斗中支付给士兵的薪水,相当于一天一个德拉克马。这不可能是苏格拉底起初获取全副盔甲的途径,尤其是他最早在喀罗尼亚服役时。当时，他刚刚有资格入伍。此外，为了随时可以战斗，他必须证明自己拥有成为一名重装步兵的必要财产。[104]

苏格拉底很有可能从他的父亲索夫罗里斯库斯那里继承了一些财产，其中可能包括一整套盔甲。这笔遗产让他成年时能够追求一种不时被兵役打断的哲学生活。亚里士多德说，苏格拉底娶莱西马库斯的女儿米尔托时，没有获得一笔随嫁财物。就像一些古代资料显示的，如果说父亲的遗产为他提供了一份租金收入，那么，他就不需要妻子的随嫁财物。这些资料可能讲述了一个简单事实，但是，它们往往被解释为带有敌意的，因为它们偏离了柏拉图和色诺芬流传下来的那一理想形象，即苏格拉底是一个脱离世俗的圣人。[105]

然而，无可置疑的是，所有的传记资料都强调，苏格拉底对物质财富不感兴趣，这一点更多是一个主动而不是被迫的选择。一则逸事讲到，苏格拉底曾在阿哥拉市集上凝视着所有的商品，然后说道："看看这些我都不需要的东西。"他吸引了一批富有的雅典人追随左右。这个事实说明，只要他愿意，他或许可以像其他成功的智者一样，收钱教学，从而轻松谋生。然而，正如柏拉图在《申辩篇》中清楚说明的一样，这种做法是他在原则上就拒绝了的。苏格拉底说，由于服侍太阳神阿波罗（其神谕说苏格拉底是最有智慧的人），他"没有闲暇去关心任何国家或个人的事务，却陷入了深深的贫困之中"。作为苏格拉底的导师阿基劳斯的老师,阿那克萨戈拉和雅典最有权势的人亲密接触,同样回避了世俗的财富和成功。

不同于苏格拉底本人,其同父异母的弟弟帕特勒克斯(Patrocles)——其名字意为"有着著名的父亲"——可能充满了政治抱负。公元前5世纪末,他在雅典国库谋得一份公职。我们必须承认,只要苏格拉底愿意的话,他的出身和背景(和他的兄弟一样)就可以为他提供必要的资源,使他获得一份地位较高的公职。总之,就苏格拉底的家庭背景和个人品质而言,我们有足够的证据来支持这一结论,即他那种简朴的、非物质的生活方式,完全是个人的选择。他既不是第一个采取这种生活方式的思想家,也不是最后一个。[106]

外貌的问题

"三岁看老"这条谚语的意思表明,人们在晚年的性格表现反映了他们年轻时的样子。对于许多读者来说,苏格拉底丑陋、天资聪慧且年老的熟悉形象意味着,在此之前,他也是一个样貌不讨人喜欢却十分聪明的青年。例如,在戈尔·维达尔

（Gore Vidal）的历史小说《创造》（Creation）中，苏格拉底这个年轻的石匠就被描写得"极其丑陋和异常聪明"。正如我们看到的一样，尼采就挑剔地总结说，仅从苏格拉底的外貌来看，这位哲学家就像他设想的那样，带着出身"低贱"的印记。但是，青年时期的苏格拉底也长得丑吗？

色诺芬写作《会饮篇》的时间是公元前422年，当时，苏格拉底差不多已经50岁。会饮地点在希伯尼库斯之子卡利亚斯家里，和苏格拉底一起的还有科里托布罗斯（Critobulus）。他是一个俊美的青年，和苏格拉底来自同一村庄。科里托布罗斯的父亲克里同（Crito）把他送到苏格拉底这里，就是为了保护他不受年长男子的侵扰。这或许与苏格拉底曾经照料他的被保护人亚西比德相互呼应。苏格拉底说，他将证明自己比科里托布罗斯更俊美。首先，他让这个年轻人同意这一点，即美不仅可以在人类和动物身上被发现，而且也存在于盾、剑和矛这些物品中。后者的美表现在，它们按照人们需要的用途被完美地制造出来。在此基础上，苏格拉底利用希腊词汇"kalos"的双重含义（同时包括"美的"和"达到目的的"两种含义），向科里托布罗斯提出了一系列论点。我们可以用形容词"fine"（好的）来把握这个模棱两可的单词。

苏格拉底告诉他说："我的眼睛比你的更美，因为它们鼓起的方式意味着，它们既可以看到前方，又可以看到两边。我的鼻子也更美,因为它张开的方式意味着,它更擅长捕捉气味;而且它翘起的样子意味着,当眼睛斜视时,它不会阻挡视线。"科里托布罗斯承认道,苏格拉底的嘴巴也更美,因为嘴巴大意味着它可以吃更多的食物。他的嘴唇也更美,因为厚嘴唇更方便亲吻。苏格拉底证明自己更美的最后一个论点是:希腊艺术中描绘的好色物种西勒尼(Sileni)与他有着相似的动物特征,西勒尼是神河仙女宁芙的后代。[107]

这个讨论充满了幽默感,但是,它提出了一个论点,即"好的长相"的标准依赖于主观的假定。一个个子矮小,有着宽眼睛、阔鼻子和厚嘴唇的青年不能被看作一个丑陋的人(这样一种描述可能适合被广泛视为"健康"的现代好莱坞明星)。此外,好的长相并非专属于出身高贵的个人,无论什么阶级和背景,人们的长相在成年后都会变化,就像个性的发展会把他们变成不同的人一样。古代就有这样一个显著的例子说明人的性格在后来的生活中发生了变化,而这个例子就是来自希波的哲学家和神学家奥古斯丁(Augustine of Hippo,公元354—430年),后来被称为"圣奥古斯丁"。他在《自白》(Confession)中讲到自己早年荒淫无度,后来才皈依信仰,成为一名独身的神父,献身于基督教事务和紧张的智识活动。那些只知道晚年的奥古斯丁晚年是一个受人敬重的主教的人将难以想象他早年的行为有多么不检。如果不是他本人写下这份自白,后世读者当然也不可能猜到这一点。[108]

苏格拉底没有留下这种自白,但是,青年苏格拉底的行为举止可能和我们熟悉的老年苏格拉底的行为方式构成了一个鲜明的对比。如果35岁前后的苏格拉底是一个丑陋的好色之徒,那么,令人难以置信的是,这些特征竟然没有出现在公元前423年上演的《云》对苏格拉底负面、嘲弄的描绘之中。在那部喜剧中,代表云神的合唱提到了苏格拉底的身体特征,并呈现出了一个不同的形象:"你昂首阔步穿过街道,眼珠左右转动,忍着赤脚的不适,一脸严肃的样子……"这个描述让人想到苏格拉底在战场上勇猛无畏的积极形象。在柏拉图的《会饮篇》中,亚西比德引用了这个形象,谈到苏格拉底赤脚在冰面上行走。我们知道,苏格拉底的战友们对此愤恨不已,因为他表现出的坚韧让他们蒙羞。

除了这个描述,《云》中的苏格拉底还表现出凯勒丰和思想所里的学生具有的一些特征:脸色苍白、长头发、骨瘦如柴。这一点和我们熟悉的那个后来大腹便便的小丑形象几乎完全不同。在公元前414年的《鸟》(*Birds*)中,阿里斯托芬给出了一幅相似的肖像。在那部剧中,"做一个苏格拉底"意味着留长发、禁食、不洗澡和挥舞着棍棒。所有的这些都是好战的斯巴达人的特征。艺术史家保罗·赞克(Paul Zanker)追溯了苏格拉底和其他类似知识分子的形象在瓶饰画和雕塑上的变化过程。就苏格拉底来说,外表丑陋、内心美好的这一看法影响了一些艺术家,使得他们把他夸张为一个老年的"西勒诺斯"(Silenus),有着典型的凸眼睛、厚嘴唇和蓬乱的头发。赞克指出,关于苏格拉底的这样一种描绘同样包含了积极的意蕴,因为"不同于其他族人,年长的西勒诺斯被看作古代智慧和美德的保有者,因而在神话中往往以神和英雄的孩子的老师身份出现……因此,有智慧的老师是被描绘为西勒诺斯的苏格拉底的典型形象之一"。

然而,来自公元前4世纪的一个小型雕像复制品告诉了我们关于苏格拉底的另一个形象。这个苏格拉底沉着、高贵。我们一般认为,苏格拉底是一个纯洁而正直的雅典知识分子,被民众不公正地判处死刑。在这种充满敬意的理解之下,苏格拉底往往会有非常普通的特点:卷发、圆脑袋、体格强健,一点也不胖,也没有隆起的、好色的眼睛。赞克写道:"苏格拉底现在不再被描绘为一个外来人,而是又一次成为模范公民……这副躯体根本没有他的朋友们有时谈到的那种丑陋,比如大肚子、短腿或蹒跚的步态。"[109]

就像阿里斯托芬的《云》很早就提到苏格拉底"左顾右盼"一样,他的眼睛是其外表的一个焦点。这个事实让我们注意到一种可能影响了中年和晚年苏格拉底的状况,即甲状腺功能亢进。有人提出,苏格拉底深受这种疾病的折磨,因为甲状腺功能亢进往往与性格急躁、性欲强烈和眼睛突出有关。[110]由于甲状腺功能亢进往往出现在老年人身上，我们可能会认为，如果甲状腺功能亢进就是苏格拉底在四五十岁时眼睛隆起的原因，那么，这种特征在早年的苏格拉底的身上就不会十分明显。因此，青年苏格拉底的相貌不同于老年苏格拉底的相貌是成立的。尽管苏格拉底不会有像科里托布罗斯或亚西比德一样英俊的面容，但老年苏格拉底缺乏吸引力的样貌特征并不一定符合青年苏格拉底的形象。

幻听

是什么打消了苏格拉底的志向，并最终导致他改变人生方向，远离公众和军事荣誉？正如本书所论证的一样，如果说他没有因家庭背景或期望而放弃这些追求，也不缺乏在这些传统领域上取得成功所需的技能、智识和精力，那么导致他在20多岁改变人生方向的很可能是某些更加强烈的私人原因。

苏格拉底决心成为一个哲学家，而不是继续关注战斗或政治的人。其中一个原因是，他感到自己是"神迹"的受益者。

在柏拉图的《申辩篇》中,苏格拉底解释道,其中一个指控者美勒托试图轻视他的这种不同寻常的、有力的个人经验。苏格拉底说,从童年起,他就感到有一个内心的声音在指引自己。他把它叫作自己的"守护神":

> 你一定经常听我提到一个神谕或神迹,美勒托在他的诉状中嘲笑过这一神圣的事物。当我还是一个孩子的时候,我就拥有这个神迹了。
>
> 这个神迹是一个向我发出的声音,当我打算做某事时,它总会出来阻止我。它从来不命令我做任何事,这就是我没能成为政治家的原因。我认为这做得很对。先生们,我确信,如果我从事政治,那么,我早就死了,对你们和我自己都没有什么好处。

这是一个有力的正式反驳,对于苏格拉底来说很重要。就像这段话的目的一样,他向雅典"引入新神"并反驳了那种认为他对雅典政治产生了深远影响的看法。苏格拉底声称自己从和一个私人的"守护神"的交往中获益良多,但这不可能动摇陪审团的意见。由于苏格拉底的自我关注和不信神的声誉,他们早就对苏格拉底充满了怀疑和恶意。然而,如果柏拉图的读者想知道,雅典人为什么会被误导并控告苏格拉底,那么这可能提供了一个解释。

直到最近,历史学家才愿意把苏格拉底所说的神迹看作一个奇怪的现象,而不是一个心理学的症状。然而,心理学家往往把它看作一个比通常意识到的还要普遍的状况,即幻听。心理学家估计说,大众中差不多有五分之一的人在他们的一生中会有幻听。在大多数情形下,这一状况是有限而短暂的,但是,在一些情形下,它会被看作某种形式的程度不等的精神错乱。在过去的几个月或几年里,它可能都会发生;对于一些亲历者来说,它甚至可以持续一生。为了减轻其带来的负面影响,这些人会被迫接受一些医学或心理学的治疗。其他人则会为了自己的利益,学会控制它。[111]

幻听通常与童年的创伤经历有关。苏格拉底在早年生活中,就有过这样一次经历。在柏拉图的对话《克里托篇》(Crito)中,苏格拉底谈到了父亲打骂他们逃学的孩子的方式。这不禁让人猜测,苏格拉底的父亲索夫罗里斯库斯就这样打骂过他。据说,苏格拉底曾违抗父亲,并且不愿意学习石匠的手艺。因此,我们可以想象,当苏格拉底正在接受石工或雕刻的训练时,索夫罗里斯库斯不止一次抓到他不好好学习的把柄,并对他进行了身体惩罚。对于一个智力发育较早、敏感的少年来说,这种惩罚造成的心理影响是不可低估的。除了担心自己的安宁和身体健康,苏格拉底可能对违抗父亲的意愿充满了羞耻感，并被它折磨。这样一种经历可能催生了苏格拉底的内在声音；就像他所说的一样，他不断听到有一个声音阻止他去做错事，而不是鼓励他主动去做某件事。但是，苏格拉底成功地把这一状况转化为他可以合理主张的东西，而在当时他身处的宗教信仰下，这给他带来了一种特别的优势。

虽然在现代人身上也可以发现人对幻听的控制，但是，在苏格拉底的例子中，还有另一个与之相关的症状：他总是长时间地站立不动。虽然有人认为，苏格拉底会把这种长时间站立不动的能力归结于他早年接受的舞蹈和体育训练，因为这让他有能力承受如此长时间站立不动所带来的身体压力，但是，像"僵硬症发作"这样的诊断会把它看作一个病理学反应。无论我们怎样选择用心理学来解释这种"内在声音"（弗洛伊德的心理学理论会认为，它可能与严厉的"超我"或良知有关），它都很可能在与苏格拉底亲近的人中和这个少年本人身上引起忧虑和惊恐。这让他意识到自己和同龄人不同，并且明显遭到排斥（atopos）。[112] 同样可能的是，这对苏格拉底结交朋友造成了巨大的影响。我们所说的朋友既包括男孩，也包括某些时候他的家人出于婚姻的目的而为他介绍的女孩。在柏拉图的许多对话中，苏格拉底毫不含糊地指出，他的"守护神"阻止他和一些充满强烈政治抱负的青年人结交，这些人往往追求财富和荣誉，而不是自我节制和真理。[113]

心理疾病可能会给患者带来污名,尽管苏格拉底将其与神的旨意关联,而不是机体原因。这一时期,希腊医学思想正在朝着新的方向发展。大概在苏格拉底死去的时候,有一篇医学论文详细描述了癫痫的症状。作者委婉地把它叫作"神圣疾病"。同样,在柏拉图的《斐德罗篇》中,苏格拉底讨论到"疯癫"的概念。他说,许多形式的疯癫——包括爱和对智慧的追求——都是神赋予的、具有创造力的积极情况,而并非消极情况。在详述这个论证时,柏拉图很可能在脑海中想起一些关于精神疾病的不宽容的反对意见。这些观点可能是针对他尊敬的老师苏格拉底的,因为苏格拉底就展现出一些奇怪而让人惊恐的症状。

德尔斐神谕

在德尔斐,女祭司皮提亚在阿波罗的启示下,向世人传授他的神谕。考虑到这个现象,大多数希腊人都会理所当然地接受这种观念,即聆听"神的声音"可能是洞察真理的真正来源。皮提亚是从德尔斐当地选出来的一个年轻女孩,她住在阿波罗神庙的内殿里。在从地下散发出来的迷烟的作用下,她会陷入一种疯狂或恍惚的状态、然后把神谕传达给来自整个希腊世界的询问者。[114]成百上千条神谕会用润色后的诗歌形式记录下来。但是,皮提亚说出来的神谕可能是神秘而难懂的,需要那些精通神谕并且适当给予酬劳的阿波罗神庙的祭司(德尔斐的主祭)进行解释。[115]

苏格拉底的生平故事的一个核心情节是德尔斐神谕认可他的智慧。在柏拉图的《申辩篇》中,苏格拉底这样描述该事件:

> 我将向你们介绍一个值得信赖的证人,他可以告诉你们有关我的智慧的问题:我是否拥有智慧?以及这是哪种智慧?这个证人就是德尔斐的那位神。
>
> 你们肯定认识凯勒丰。他很早就是我的朋友了,也是你们的朋友,因为他和你们一起出逃,又一起回来。就像你们知道的一样,凯勒丰在很多事上都非常鲁莽。他跑到德尔斐去求神谕。就像我说的,请不要打断我。他跑去求神谕,问道:"是否有比苏格拉底更具智慧的人?"女祭司皮提亚回答道:"没有比苏格拉底更具智慧的人了。"凯勒丰已经死了,但是,他的兄弟在庭上,可以证明这个故事的真实性。

苏格拉底提到陪审员打断了他的话。这说明不是所有雅典人都愿意想起这个故事。考虑到它赋予苏格拉底的独特地位,这一点也不让人惊讶。然而,苏格拉底公开提到它,并且援引凯勒丰的兄弟作为证人,这表明,该故事并不完全是虚构的,而是一个众所周知(如果说充满争议的话)的事实。柏拉图的叙述小心地掩盖了这个事实,即当德尔斐神谕公开时,苏格拉底本人也在场。亚里士多德说,苏格拉底亲自拜访了德尔斐,而刻在阿波罗神庙上的箴言"认识你自己"是促使他开始提问和探究的初始原因。[116]

神谕的回应对苏格拉底造成了巨大的影响,并导致他决心追求一种不断提问的哲学生活。正如他在后来的发言中所说:

当我听到答案时,我问自己:"神的意思是什么?怎么解释这个谜?我知道自己既没有大智慧,也没有小智慧。当他说我是最有智慧的人时,他想表达什么意思呢?然而,他是一位神,不可能说谎,因为说谎违反了他的本性。"

在思索很久后,我想到一个考查的方法。我以为,如果我能够找到一个比自己更有智慧的人,就可以去反驳那位神了。我会对他说:"这里就有一个比我更有智慧的人,但是,你却说我是最有智慧的人。"因此,我找到一个据说有智慧的人,然后观察他,结果如下。我不会提到他的名字,但他是一个政治家。当我开始和他说话时,我就不由得认为,他并不是真的有智慧,尽管许多人认为他有智慧,他自己也这么看。我努力向他解释,他认为自己有智慧,但事实上并非如此。结果,他恨起我来,在场听到的人也开始恨我。

于是,我走开了。离开时,我对自己说:"虽然我认为,我们俩谁也不知道什么是真正的美和善,但是,我比他好一些,因为他不知道,但以为自己知道;而我既不知道,也不认为自己知道。因此,就这方面来说,我似乎比他更有优势。"然后,我拜访了另一个有着更高哲学抱负的人,但结果都一样。我将他以及其他很多人变成了自己的敌人。[117]

由于幻听,童年时的苏格拉底就把自己看作不同寻常的人。他决心检验那个神谕,这将让他成为一个不受欢迎的人。人们对他公开宣称自己更有智慧的行为充满了愤怒。

由于意识到自己的内在声音,以及关于他的智慧的德尔斐神谕,苏格拉底产生了一种孤立感。他注定要面对挑战,这让他下定决心,不顾一切,尽其所能去追求一种反思的生活。此外,还有一个更为私人的因素促使他坚定地走上孤独的哲学之路:他与一位漂亮、聪明和神秘的女人的相遇(如果没有被拒绝的话)。在柏拉图的《会饮篇》中,苏格拉底曾说,"她传授了我关于爱的知识"。这句评论指的是狄奥提玛,但是,我们在本书前面探讨过,她就是米利都的阿斯帕西娅。

第六章

阿斯帕西娅之谜

阿斯帕西娅可能是第一个
向苏格拉底传授"爱之教义"的女人。

对一些人来说，柏拉图的《美涅克塞努篇》长久以来提出了一个困难而令人恼怒的谜。在对话的开篇，苏格拉底描述了他碰到一个从雅典阿哥拉议事厅出来的年轻人美涅克塞努的经历。美涅克塞努告诉苏格拉底，他刚刚参加了一场会议，讨论谁来发表葬礼演讲，但是结果未定。他说讨论将在明天继续举行，并认为演讲者将会是阿尔克努斯（Archinus）或迪翁（Dion）。我们不了解后者，但是，前者是一个活跃于公元前403年的政治家。这使得我们可以确定该篇对话的日期差不多是这一时间。

美涅克塞努的评论给苏格拉底提供了一个线索，让他开始批评演讲家们的陈腐悼词：[118]

美涅克塞努，在战场上牺牲的确从许多方面看上去都是一种极好的命运。哪怕他是一个穷人，也能获得光辉的葬礼。哪怕他一无是处，也可以从著名人物口中获得赞美。他们不会发表一些即兴的悼词，而是事先做好充足准备。他们如此卖力地赞美，把人们拥有的和没有的优点都赋予牺牲的人。华丽的辞藻让我们的灵魂为之着迷。他们用各种可能的方式来颂扬国家，赞美那些在战斗中牺牲的人、所有古老祖先和我们这些活着的人。

所以，当我听到他们的赞美时，我都觉得自己飘飘然了。我仿佛变成一个不同的人，一下子变得高大、尊贵和俊美。当我身边是一些陌生人时，我觉得自己在他们眼中一下子变得庄严。显然，城邦的其他人和我一样，都有着同样的感受；由于演讲者的雄辩口才，他们认为这个城邦比以前更加神奇。

这种庄严的情感会在我心中逗留三天以上。演讲者的话语和声音一直回荡在我的耳边，以至于直到第四天或第五天，我才恢复过来，记起自己生活在陆地上。而在那之前，我差不多以为自己生活在极乐岛上面。我们的演讲家多么专业呀！

美涅克塞努回应这一讽刺性的批评说，在一些情况下，鉴于临时通知，演讲可能不得不临时发挥。苏格拉底反驳说，很少有演讲是真正即兴发挥的，相反，它们一般建立在准备好的模板上。苏格拉底说，他本人就向一个擅长修辞术的老师学过葬礼演讲。这个老师教过一个不输于赞提帕斯之子伯里克利的演说家。他为了强调这一区别，便把老师的名字全说了出来，她就是阿斯帕西娅。

在美涅克塞努的坚持下，苏格拉底不得不转述阿斯帕西娅的葬礼演讲。他讲道:"刚好就在昨天,阿斯帕西娅发表了一篇葬礼演讲,而我是她的听众。她听说雅典人要选出一位演讲者,于是,她就预先排练了一场自己认为适当的演讲。其中一部分是临时发挥的,一部分取自我认为是她之前为伯里克利创作的葬礼演讲。她把这些片段拼在一起,凑成一篇演讲。"美涅克塞努问苏格拉底能否记得阿斯帕西娅的演讲内容,并逐字复述出来。苏格拉底回答说:"当然可以。你知道吗,当她进行演讲时,我就在一边随同她一起练习。有一次,我忘词了,差点挨了一顿打。"

虽然上述情景可能完全是虚构的,但是,这仍然是一个雅典人做出的十分奇怪的评论。在这里,柏拉图笔下的苏格拉底不仅给予阿斯帕西娅一种知识权威的地位,而且注意到他和这个女人有过亲密的身体接触。这个女人既不是他的妻子,也不是他的亲戚。紧接着,苏格拉底为美涅克塞努朗诵了一番阿斯帕西娅为阵亡的雅典人所作的演说词。[119]这个演讲在形式和内容上都符合常规,而且被广泛认为是记述者对这种体裁的模仿。它也存在一个年代学上的难题:演讲的结尾提到公元前390年的勒卡埃乌姆战役以及公元前386年的"国王和约"(King's Peace),而发生这些事件时,苏格拉底和阿斯帕西娅都已经死去多年了。

那么,我们可以从这个情节中获得什么?这些年代的错误不就是证明了它的虚构性吗？学者们差不多都否定了这个故事的真实性。他们通常把《美涅克塞努篇》看作不过是对演讲技巧的一个柏拉图式模仿。但是，这个奇怪的对话（虽然只是顺便提一下）同样反映了，柏拉图打算把苏格拉底和阿斯帕西娅放在一起，让他们进行亲密的讨论和合作，虽然他们已经到了人生晚期。

由于这个年代顺序有意让人为难，或许我们应该认识到，这样一个情节的日期既可以推迟，也可以提前。在柏拉图的大量著述中，没有任何其他地方提到苏格拉底和阿斯帕西娅的关系。因此相较之下，在《美涅克塞努篇》中，我们可以认为柏拉图承认了他们两人曾经有过一段亲密的关系，只不过他未能准备好在任何其他对话中证明这一点。这告诉我们，必须仔细了解阿斯帕西娅本人的历史背景。

走近阿斯帕西娅

阿斯帕西娅是当时最有名、最富口才和最充满争议的女性之一，而且可能是古典时代最杰出的女性。她是阿克西奥库斯

（Axiochus）的女儿。公元前450年左右，当她和姐姐、姐夫（老亚西比德）来到雅典时，她才20岁。这家人跨越爱琴海离开了繁华、热闹且充满商业气息的爱奥尼亚城邦米利都。10年前，即公元前460年，作为政治斗争的受害者，老亚西比德（克利尼亚的父亲，亚西比德的祖父）从雅典被流放到这里。

一段新近发现的碑文显示，通过她的父亲阿克西奥库斯，阿斯帕西娅与亚西比德存在某种家族联系：[120]

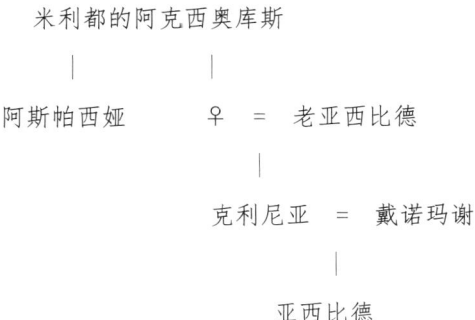

从这张图中可以看出，老亚西比德在米利都流放时认识了阿斯帕西娅的父亲阿克西奥库斯。作为爱奥尼亚贵族家庭的一员（与雅典有着长期的家族联系），阿克西奥库斯肯定十分乐意把他的一个女儿（名字未知）嫁给老亚西比德。后者来自斯卡姆邦尼得。他们的儿子克利尼亚将成为伯里克利的朋友和伙伴。当老亚西比德带着他的新婚妻子和孩子从米利都返回时,随行的还有妹妹阿斯帕西娅。这可能是为了留意给她安排一场和雅典贵族的显赫婚姻。

然而,这样一个计划没有碰上好的时机。仅仅一年前,即公元前451年,伯里克利引入了一套公民权法规,禁止外邦妇女生育的孩子成为雅典公民。该法令的目的在于阻止高贵出身的雅典男性与外邦女性结婚,因为这样一种选择将不利于结合所生的孩子。相比之前,规定后的雅典公民权将成为一项更具排斥性的特权,而其希望的结果是,雅典女性的地位大大提高。

虽然是一个外邦人,但是,作为老亚西比德的妻妹,阿斯帕西娅是克利尼亚之子亚西比德的姨祖母。因此,当公元前447年,克利尼亚在喀罗尼亚战役中死去时,这位迷人而精力充沛的未婚女子自然会站出来,帮助少年亚西比德进入她的新家庭,即监护人伯里克利手中。甚至可能正是这个时候,她才带着这个想法第一次走进这位雅典领袖的家中。

在教育女儿方面,米利都人似乎比雅典人更加开放。除了美貌和个性,阿斯帕西娅还拥有很高的文化知识水平。伯里克利的年龄是她的两倍,他在之前的婚姻中已经有两个孩子。但是,他已经离婚10年了。[121]现在,年轻的阿斯帕西娅以她的外貌、魅力和智识俘获了他。公元前445年左右，她成为伯里克利事实上的妻子（尽管不是名义上的）。[122]对于伯里克利来说，回避自己建立的法律，把她变为自己的合法配偶是困难的。喜剧诗人欢快地嘲讽这一结合，把阿斯帕西娅叫作"妓女"和"姘妇"，而将他们的儿子小伯里克利叫作"狗杂种"。

  正如我们所看到的一样，后世作家记录说，伯里克利对阿斯帕西娅十分迷恋，以至于在两人相处的时候，他每天早晚都要亲吻她一下。他们二人在16年间始终都是深爱彼此、不可分离的伴侣，直到公元前429年，伯里克利因为瘟疫而死。[123]伯里克利，这个在喜剧和俗语中被称为"宙斯"的男人给予了阿斯帕西娅超出所有女性的荣耀。对于柏拉图的《会饮篇》的聪明读者来说，这自然让人想到虚构的狄奥提玛。她的名字就是"宙斯所荣耀的"意思。苏格拉底说，是她传授了他"所有关于爱的知识"。

阿斯帕西娅的名声

  古代作家经常用一些贬低之词来谈论阿斯帕西娅，尤其是当时的一些喜剧诗人，比如科拉提诺斯和赫尔米普斯（Hermippus）。他们的喜剧反映了针对阿斯帕西娅和伯里克利的普遍仇恨。这些喜剧作家把她称为"妓女"和"长着狗眼的姘妇"，而传记作家普鲁塔克则把她比作萨格莉亚（Thargelia）。后者是爱奥尼亚的一个妓女，经常引诱有权势的男人，并对他们施加影响。因此，最好的情况是，阿斯帕西娅被人们看作一个高级妓女。显然，与古代作家相比，试图赋予阿斯帕西娅一个"体面的"地位的现代学者更喜欢这一不那么贬损的称呼，而不是通过古代文献本身去定义她。

高级妓女主要来自外邦，她们是上流社会的交际花。她们通常富有学识，在经济上独立，除了出售性服务，还在宴会上提供高雅的娱乐活动，并以此谋生。她们的报酬很高，以至于政府对这一职业进行征税。一些人甚至成为妓院老板，非常富有。一些搬弄是非的雅典人可能倾向于把阿斯帕西娅归入后一类别。

虽然在古代著作中，缺少证据支持阿斯帕西娅是一个高级妓女，但是，学者们往往把她这一身份看作一个历史事实。作为阿克西奥库斯的女儿，阿斯帕西娅上层阶级家庭关系——毕竟她是阿克西奥库斯的女儿，继承了阿尔克迈翁家族的血统——以及她在伯里克利圈子中受人尊重的地位表明，上述那些贬低不过是歧视女性的一种中伤。就像喜剧中经常出现的恶毒指控一样,我们不能从表面上来看待它们。一个恶毒的例子来自普鲁塔克的记述。他说,阿斯帕西娅遭到审判的实际罪名是所谓的"不敬神"和"为伯里克利招揽女人"。值得怀疑的是,当时的雅典法律可能并不能给予女性足够的地位,以至于她们因为这样的指控而被送上法庭,更不用说那些非雅典出生的外邦女性。而且,这个案件中的指控者据说就是独眼的喜剧诗人赫尔米普斯。他曾在一部喜剧中嘲讽伯里克利是一个性欲狂。该记述只不过是对喜剧中出现的某个情节,或者喜剧作家经常向阿斯帕西娅(毫无疑问,她只是他们真实的攻击目标伯里克利的替代品)发起的那类"指控"的一个误解。[124]

值得注意的是,柏拉图和色诺芬没有把阿斯帕西娅当作一个高级妓女,相反,他们以一种非常敬重的方式提及她。柏拉图笔下的阿斯帕西娅是一个令人倾慕的、充满自信的女性。她的口才和智识使其成为伯里克利和苏格拉底的老师,两人都是当时有名的演说家。在色诺芬的一段文字中,当苏格拉底被问到妻子该如何接受教育时,他回复说:"我要向你介绍阿斯帕西娅,因为她在这件事上比我知道得多,她会向你解释所有事情。"

评论家往往带着怀疑的眼光看待这些文字,并忽略它们。这主要是因为他们坚持认为,阿斯咱西娅是一个妓女。[125]但是,在来自司菲都斯的埃斯基涅斯创作的《阿斯帕西娅》(*Aspasia*)

中,阿斯帕西娅被描述为苏格拉底非常乐意向富有的卡利亚斯之子推荐的老师,她很可能负责传授演讲术。不过,这部与柏拉图同时代的作品已经失传。在该书的一节中,阿斯帕西娅和色诺芬(与我们熟知的历史学家色诺芬可能不是同一人)之妻、色诺芬本人先后进行了讨论。阿斯帕西娅运用一种公认的苏格拉底问答法,引导两位对话者认识到:获得一个最好的或最有美德的配偶的秘密在于,让自己成为这样一个配偶。成为一个最好的配偶的目标强调了实现婚姻幸福的道德层面。这种思考方式和苏格拉底的十分相似。普鲁塔克说,苏格拉底有时会和他的朋友及其妻子一起去阿斯帕西娅那里寻求建议,并聆听她关于"爱"的教导。尽管在这些叙述中,阿斯帕西娅被赋予一种类似于人际关系导师和媒人的角色,但是,这些证词提供了一个重要的证明:就像柏拉图《会饮篇》中的狄奥提玛一样,阿斯帕西娅特别喜欢讨论爱情,而且在这个领域有着非凡的口才和技能。[126]

柏拉图在《美涅克塞努篇》中描述了年老的阿斯帕西娅指导苏格拉底的情形。柏拉图的这个描述似乎试图掩盖任何有关阿斯帕西娅和苏格拉底早期相识的明确迹象,在这一点上色诺芬亦是如此。如果两人的关系是肯定的,那么很可能形成于早期。当时,两人20多岁,在伯里克利的圈子中第一次相遇。

公元前429年,伯里克利死后,阿斯帕西娅和一个富有的雅典政治家吕西克勒斯（Lysicles）生活在一起（根据一个古代评论家的说法，两人已经结婚），并育有一子。吕西克勒斯同样在喜剧中遭到贬损，比如，阿里斯托芬就称他是一个"羊贩子"。但是，考虑到吕西克勒斯担任过将军，他肯定是一个拥有一定地位的公民，而且可能和晚年的伯里克利相识。公元前428年，结婚后不久，吕西克勒斯就在小亚细亚的军事活动中被杀死。此后，我们就很少知道阿斯帕西娅的踪迹，直到她在柏拉图的《美涅克塞努篇》中以一个老妇人的形象重新出现。

其中一个例外是阿里斯托芬的喜剧《阿卡奈人》（Acharnians）。该剧在公元前425年上演，也就是伯里克利死后的第四年。在剧中，阿斯帕西娅受到一种喜剧式的攻击，因为据说她是造成伯罗奔尼撒战争的主要原因，就像海伦被认为要为特洛伊战争负责一样。而且，在此之前，她就因煽动伯里克利在公元前440年征讨萨摩斯岛而受到人们的谴责。这一次，喜剧指责她一手推动了伯里克利颁布的《麦加拉法令》（Megarian Decree），目的是报复麦加拉人绑了她那臭名昭著的妓院里的两名妓女。一些人认为，该法令限制了麦加拉与雅典及其盟友的商业往来，是伯罗奔尼撒战争的导火索。[127]

当阿斯帕西娅在公元前5世纪40年代和伯里克利结合后，针对她的辱骂因此持续了好几十年。柏拉图和色诺芬肯定会担心，苏格拉底会因为他和阿斯帕西娅的关系而受牵连。此外，考虑到阿斯帕西娅和伯里克利大约在公元前445年开始生活在一起（小伯里克利的出生时间不晚于公元前437年），半个多世纪后的苏格拉底传记作家可能不愿去描述苏格拉底和阿斯帕西娅当时的亲密关系，无论他们是否知道或怀疑二人的关系。在阿斯帕西娅选择了伯里克利后，苏格拉底肯定不得不约束自己（如果不是完全放弃的话），哪怕是为了相关各方的利益，从而避免别人怀疑他们俩曾经有过一段私人的交往。

阿斯帕西娅和苏格拉底

作为阿斯帕西娅的同时代人，公元前450年，苏格拉底即将满20岁。作为阿基劳斯的学生和朋友，他肯定早就在伯里克利的圈子（比如阿那克萨戈拉）中广为人知。作为成功的石匠索夫罗里斯库斯之子，他肯定认识伊克提诺、克里凯托斯和菲狄亚斯这些人。他们都是帕提侬神庙的建筑师和设计师，也是那位雅典著名政治人物的密友。

我们不知道，从阿斯帕西娅来到雅典到她和伯里克利结婚期间，苏格拉底是否遇见过她，以及是否和她交往过。无疑，这些年为二人提供了相识的机会。无论苏格拉底是否参加过喀罗尼亚战役，是否目睹了伯里克利的朋友克利尼亚的死亡，他都将在多年后进入伯里克利的圈子，成为年轻的亚西比德的老师，指导他未来的道路。如果说当阿斯帕西娅和她的家人在公元前450年从米利都来到雅典时，二人在伯里克利的圈子中还未相识，那么，当亚西比德在公元前447年失去父亲后，他们共同关心着这个年轻人的幸福和教育。

苏格拉底和阿斯帕西娅志趣相投。两人都很机智，也很善辩，而且在他们所处的社会环境中，都显得十分与众不同，充满了争议。无论准确的解读有多么困难，《美涅克塞努篇》都是唯一的资料来源，为我们提供了二人亲密关系的明确指引。任何进一步的猜测都必须借助旁证，以及对柏拉图和色诺芬的著作进行阅读。这些阅读可能让一些早至公元前4世纪的古代作家认为，二人存在某种情爱关系。来自索里的科利尔库斯（Clearchus）是亚里士多德的一个富有学识的学生。他写道，伯里克利爱上了阿斯帕西娅，而她"以前是苏格拉底的伴侣"。赫尔墨西阿纳克斯（Hermesianax）于公元前3世纪创作的一首诗也谈到苏格拉底对阿斯帕西娅"难以遏制的爱恋"。[128]正如我们所见，这样一种关系可能隐含在《会饮篇》中苏格拉底归之于狄奥提玛的爱之教义里。

是否有可能苏格拉底在爱上非凡的阿斯帕西娅后却发现

自己的爱不可能得到满足呢？这样一种关系可能存在某些阻碍，其中就包括苏格拉底自己的一些担忧，包括他内在的声音、僵硬症发作和对人生道路的追求（它让苏格拉底不适合成为一位聪明而充满抱负的年轻女性的丈夫）。如果说苏格拉底曾经把阿斯帕西娅视为一个潜在的爱人或伴侣，那么，当雅典最有权势的男人开始追求她时，这样一种可能性就被排除了。或许，为了缓和苏格拉底的失望，能言善辩的阿斯帕西娅让他询问自己什么是真正的爱，然后提出了那一著名的教义："肉欲仅仅是真爱的起点；而个人的追求应服从于更高的目标。"在柏拉图的《会饮篇》中，该教义据说是狄奥提玛在苏格拉底年少时传授给他的。

　　如果这些思想和观点来自阿斯帕西娅，那么，它们对思想史产生了重要的影响。狄奥提玛的教义原则对苏格拉底追求的哲学和人生道路至关重要。这些原则包括：要想知道事物在实践上会导致什么，我们就必须首先界定我们的目标；我们应该摒弃物理世界，追求更高的理念；灵魂的教育而非肉体的满足，才是爱的最高义务；特殊应该服从于一般，短暂应该服从于永恒，世俗应该服从于理念。古典学者玛丽·莱夫科维茨观察到：

　　　　虽然我们关于苏格拉底的了解都来自亚里士多德，但是，他仍是哲学史上的一个重要人物。"他对宇宙不置一词,而全身心地投入到伦理学之中。在这一过程中,他追求普遍,是第一个去理解界限概念的人。"*在他之前的诗人和思想家都思考过伦理学。但是,让苏格拉底与众不同的是,他找到了发现它的方法,使得它可以从特殊转向普遍定义。没有苏格拉底在思想上的重要一跃,柏拉图不可能提出他的理念论,亚里士多德也不可能写出他的伦理学。[129]

苏格拉底发明了一种不同于其女性教师的哲学方法——问答法。与之相反,狄奥提玛则直接进行传授。就此而言,这种方法与一种仅能够指向真理而永远无法达到的方法构成了鲜明的对比。[130]但是,如果说促使苏格拉底采取哲学立场和方法的是这个第一次向他传授"爱之教义"的女人,那么,我们就应该认识到,阿斯帕西娅不仅仅是一个有活力的、异常聪明的女人,还是一个思想的"助产士"。她的思想,正如苏格拉底及其继承者所做的那样,促进了欧洲哲学的诞生。

在《会饮篇》中,苏格拉底高兴地坦白说,他从狄奥提玛那里学到了关于爱的教义。如果柏拉图认为,阿斯帕西娅可能是苏格拉底哲学思想的重要灵感来源,那么,他一定不愿意将这

---

* 出自亚里士多德的《形而上学》。——译者注

些影响直接归之于她。无论如何，阿斯帕西娅选择和伯里克利在一起的事实可能导致她和苏格拉底的关系变得冷淡。在《美涅克塞努篇》中，据说妣创作了伯里克利的葬礼演讲。就像其中表达的一样，她可能和伯里克利一样，不赞成苏格拉底拒绝参与城邦政治生活的决定。考虑到年代学、社会和文化等各种因素的相互影响，我们有理由相信，公元前450年左右，阿斯帕西娅出现在青年苏格拉底的生活中。虽然时间十分短暂，但是，这就是我们在寻找的"恋爱中的苏格拉底"的一个动人而可信的形象。

后　记

　　我的学生在牛津指导课堂上朗读完他们的论文。在认真考察了不同资料的证据后，他们总结说，《云》中的"苏格拉底"本质上是对这位哲学家及其思想的讽刺，尽管其中也保留了一些关于其生活和性格的真实元素。

　　我问："你们认为有可能对苏格拉底的生平进行真实的历史重构吗？"

　　他们思索着这个问题。一个学生回答："任何重构都或多或少带有虚构成分。"另一个学生补充："关于苏格拉底的思想和性格，柏拉图和色诺芬给了我们大量信息。但是，还有很多我们从未听说过的细节。比如，关于苏格拉底在波提狄亚战役之前的早年生活，我们就知之甚少。"

　　我建议："或许可以提取一些证据，然后拍一部关于未知的苏格拉底的电影。"

　　听到这里，他们的眼睛就亮了起来。一个学生说："这将是一个极好的故事。"另一个学生则有力地点头,表示同意。

本书已经为一个人们从未见过的苏格拉底形象提供了证据。现在浮现在我们眼前的是这样一个人,他的生活在不止一个方面充满了戏剧性。

我们已经看到,在柏拉图的《会饮篇》中,苏格拉底信奉一种以爱为中心的个人哲学,并且在战场上表现得无比英勇。许多证据表明,他并非出身低贱,而是一个富有且成功的中等阶级工匠的孩子。我们往往认为他是一个在后半生不讨人喜欢的思想家。但有关青年苏格拉底的最早证据表明,他是一个迷人、体格健壮和热爱学习的少年。除了他对亚西比德公开的爱、与米尔托鲜为人知的早期婚姻,以及后来和赞西佩的关系之外,我们还发现了少年苏格拉底和阿基劳斯的亲密伴侣关系,以及青年苏格拉底曾经和阿斯帕西娅相识,甚至相爱的可能性。

所有这些经历都为青年苏格拉底成为思想的开创者打下了基础。主要多亏了柏拉图的不懈努力和聪明才智,苏格拉底才会因此被人铭记。由于证据清楚地表明,苏格拉底至少在30岁时,就已经踏上哲学之路,因此,显而易见的是,苏格拉底早在此之前就已经决心转向哲学,而不是政治或军事。那么,我们应该如何讲述苏格拉底的人生,使其既不偏向于早年的重要经历,也不偏向于后期的戏剧性场景?

苏格拉底的一生

故事开始于公元前469年春,这一年,苏格拉底在阿诺普克乡间出生。这里大约有1000名雅典公民,此外,还有他们的妻子儿女、外邦人和奴隶。石匠索夫罗里斯库斯就是其中一位公民,虽然并非出身于上流社会或贵族家庭,但也是该地区一位为人敬重的成功人士。他的妻子菲娜拉底同样来自一个还不错的家庭。他最亲密的朋友莱西马库斯是雅典有名的政治家阿里斯提德之子。

距离波斯人在普拉提亚战败后从希腊撤离已经十年了。雅典人忙于重建他们的生活和住宅,并对这个城邦的民主制度和海军力量充满了信心。在雅典的领导下,提洛同盟的建立给人们带来一种新的安全感。雅典正在整个爱琴海把自己塑造为希腊的领袖。

公元前5世纪60年代,儿时的苏格拉底每天花数小时观察他的父亲如何监管采石场上的工人,以及大理石如何被运往阿提卡的不同地方。索夫罗里斯库斯希望他的儿子继承家业,而苏格拉底无疑拥有成为一名优秀石匠的体魄和智识。索夫罗里斯库斯同样看到了让苏格拉底接受他所在乡镇的贵族青年享有的那种教育的好处。这是一群擅长运动、喜爱骑马的小伙子,长大后就会上战场指挥军队,赢得荣誉。

然而,索夫罗里斯库斯经常生气地发现,他的儿子过于关注文娱,无法专心工作。只要一有机会,苏格拉底就会溜到镇上,去聆听外邦思想家的讲座。在世俗的索夫罗里斯库斯看来,许多思想家的思想一无是处、不切实际,甚至是亵渎神灵的。有时,他会因为苏格拉底懈怠工作而把他责打一顿。这对苏格拉底的影响是创伤性的。他在成为一个尽职的儿子和违背父亲的期望之间痛苦不堪。他的理想与那些充满抱负的同学更加一致,即成为一个好的演讲家和英勇的战士,不断追求卓越。

苏格拉底不时听到来自自己内心的声音,它们就像父亲的警告一样,劝他不要做自己打算去做的事情。起初,苏格拉底把这些声音当作恐惧的来源,但是,随着时间的流逝,他说服自己,它们可以被视为有益的伴侣。这些声音能够在任何情况下帮他避免坏结果,帮他更好地行动,帮他表达自己的内心欲求。他把这些声音叫作"神迹"。有时候他必须久立不动,以弄清楚神迹对自己的要求。苏格拉底没有把这些声音看作一种痛苦的折磨,相反,他视之为神馈赠的礼物,认为它们会帮助自己过一种良好的生活,并防止自己走入歧途。

青年苏格拉底

公元前5世纪50年代,当苏格拉底步入青年后,他开始在学校和父亲委派的私人教师那里学习荷马诗歌、抒情诗和其他古典作品。他逐渐能够熟记许多诗歌,而且能够随着里尔琴的伴奏朗诵一些诗句。在这方面,他无疑具有一些天分,并且受教于当时著名的音乐家兰普诺斯。他一直在锻炼体能,不仅做石工,而且在体育场训练、演习战舞,并和大大小小的男孩在格斗学校比赛。

苏格拉底的非凡智力以及他内心不断出现的声音都让他在同学中间显得另类。然而,他们还是十分崇拜苏格拉底的技能、体格和自立。当雅典哲学家阿基劳斯选中他后,苏格拉底与众不同的意识进一步加强。当阿基劳斯在城里的一场辩论中遇到苏格拉底时,他被这个年轻人的智识和学习热情迷住了。他的宽脸庞、青春而肌肉发达的体格让他成为一个讨人喜欢的学生和被保护人,阿基劳斯决定照顾他。

等到伯里克利在公元前454年把同盟的宝库从提洛搬到雅典时,索夫罗里斯库斯早就看出苏格拉底的心思不在石工上。他很高兴地看到自己的儿子给上流圈子留下了很好的印象，并同意让阿基劳斯成为苏格拉底的导师。苏格拉底和阿基劳斯一起拜访了许多受人尊敬的老师，包括年老的巴门尼德和阿基劳斯自己的老师阿那克萨戈拉。后者被视为当时最重要的思想家，是伯里克利的密友和顾问。公元前452年，阿基劳斯带苏格拉底一起乘船去拜访巴门尼德的得意学生——萨摩斯的麦里梭。

苏格拉底觉得麦里梭抽象的哲学思考过于复杂，不能让人满意。在返回雅典时，他热切地将自己的目光转向阿那克萨戈拉的理性主义哲学。由于成长在一个虔诚的环境中，他对希腊传统的宗教仪式非常熟悉，终其一生都在践行着它们。然而，他激动地发现，通过运用理性思考，那些公认的神灵（比如太阳和月亮）可以被看作物质对象，而打雷和闪电等让人害怕的现象可以用物理解释加以说明。苏格拉底决定沿着自然的经验研究进一步走下去。

当苏格拉底18岁时，他正式登记成为阿诺普克的一个公民。此时，希腊正处于一段和平期。公元前451年，在保守政治家基蒙将军的谈判下，希腊和波斯签订了五年的休战协议。就像传统的预备重装步兵一样，苏格拉底被送到阿提卡的边境地区进行军事训练。他的父亲很乐意提供足够资金，以担负儿子作为重装步兵所需的全副装备。服役归来后，苏格拉底再次开启智识追求的旅程。他每天到镇上，在阿哥拉市集和雅典富人家里聆听当时的思想家的教导。

恋爱中的苏格拉底

正是在这一背景下，20岁出头的苏格拉底遇到一位将改变他的一生的非凡人物。由于姐姐的婚姻，精力充沛、年轻的阿斯帕西娅和她的家人刚刚从米利都来到雅典。人们传播着关于她的闲言碎语：她漂亮、口才好，又受过教育。在老亚西比德的家里，阿斯帕西娅引起不少注意。她的身边都是一些来自米利都的女性，嫉妒的雅典妇人把她们叫作"妓女"。与苏格拉底遇到的其他女性不同，激情洋溢的阿斯帕西娅以交友为乐趣，一点也不担心被人看到自己和男人说话，并告诉他们她的想法。

搬弄是非的人说，阿斯帕西娅在经营一家妓院，但是在那个时代，苏格拉底经常出入于各种妓院，他知道情况并非如此。他开始和一些出身高贵的年轻朋友及他们的妻子一道，偶尔造访阿斯帕西娅的住处。她关于爱情本质的雄辩见解给他们留下了深刻的印象。阿斯帕西娅和苏格拉底一起讨论爱情的话题。由于苏格拉底早就因为另类而闻名，因此，他对阿斯帕西娅的外邦人身份和人们的流言蜚语不以为然。事实上，人们对他古怪行为的普遍看法已经削减了他缔结一段体面婚姻的机会。这些古怪行为包括在街道中央久立不动，陷入沉思。

当苏格拉底提出婚姻的话题时，阿斯帕西娅说，自己比他更清楚怎样才能造就一段美好的婚姻。她是青年男女都喜欢的媒人，他们向她咨询保证一段婚姻成功的建议。与此同时，尽管伯里克利的年龄是她的两倍，他也和苏格拉底一样，为她的美貌和智识倾倒，而阿斯帕西娅也想和这位雅典最有权势的男人建立有益的联系。为了缓解苏格拉底的失望，她要求他回答什么是真正的爱情，并向他传授了自己有关爱和欲望的教义。她解释说："爱情开始于对另一半的渴望，但是，它最终将超越肉体的欲望。真正的爱是为了在对方身上看到善，然后诞生超越个人生命的善，并会产生永久的影响。"虽然这个教义实际上很难被接受，但是，它给苏格拉底带来了深刻的影响。它将塑造苏格拉底关于世界的本质、道德理念的超越性以及智慧的代代传播的看法。

苏格拉底转向哲学

苏格拉底不能停留于自己对阿斯帕西娅的感情之中。公元前447年，就在马上要步入23岁时，他被第一次征召前往玻俄提亚，参加了托勒米德斯领导的作战任务。老亚西比德之子克利尼亚是这支军队的指挥官之一。在阿斯帕西娅的陪伴下，苏格拉底曾经见过二人。喀罗尼亚战役最后以雅典人的战败结束。苏格拉底被迫撤退，并有意识地训练自己的撤退技能。在幸运地活下来后，他为战死于玻俄提亚的年轻战友以及克利尼亚将军哀悼。后者留下一个寡妇和两个孩子，由伯里克利照顾他们。

年幼的亚西比德失去了自己的父亲，现在处于伯里克利的监护下。他在青少年时期需要一些老师的指导，以便得到智力和体力训练，学习诗歌、舞蹈和格斗。伯里克利重建雅典卫城的计划让他和索夫罗里斯库斯相识。他也从阿基劳斯和阿斯帕西娅那里听说了苏格拉底的聪明才智，以及苏格拉底在喀罗尼亚撤退时表现出来的冷静和勇敢。他请苏格拉底和其他人一起担任亚西比德的老师，其中就包括脾气暴躁的色雷斯人佐普鲁斯和亚西比德的姨祖母阿斯帕西娅。

没过多久，阿斯帕西娅搬进了伯里克利家里，他们作为夫妇生活在一起。这时，苏格拉底已经开始创立自己的哲学研究分支。这些分支起源于苏格拉底和阿斯帕西娅的对话，以及他对当时流行的自然哲学的不满。在读过阿那克萨戈拉关于心灵理论的书之后，苏格拉底已不再对当时的哲学家提出的那些思想感兴趣了。相反，他将从伟大的诗歌和文学提出的问题——有关个人英雄主义和选择的问题，以及有关勇气、义务、审慎和爱的问题——中吸取灵感。他就是在这种诗教传统中长大的，不断地在宴会和剧院中受其熏陶。经过数年后，他默默地娶了儿时的玩伴米尔托，后者在前任丈夫战死后，成为一名寡妇，并在不久之后为苏格拉底生育了两个儿子。

一群追随者在看到苏格拉底的聪明才智和独特风采后，开始聚集在他身边，其中就有瘦弱、好斗的凯勒丰。他的衣服就像蝙蝠的翅膀一样挂在他瘦骨嶙峋的身体上。与此同时，由于阿斯帕西娅在身边，伯里克利的政治和军事野心快速膨胀。公元前440年，在她的要求下，伯里克利发起远征萨摩斯的计划。苏格拉底痛苦地听到雅典人残忍处死萨摩斯将军的消息，这些人当中就有以前招待过他的麦里梭。在他看来，这给伯里克利所谓的美德和智慧披上了一层阴影。此时，雅典人将因为冒犯神灵而遭受瘟疫的惩罚的谣言四起。但是，让伯里克利的政敌失望的是，狡猾的阿斯帕西娅举行了一系列公共祭祀，神的愤怒似乎被平息了下去。

不久，苏格拉底和凯勒丰前往德尔斐，以期得到神谕。返回时，凯勒丰欣喜地告诉所有人，德尔斐神谕说没有人比苏格拉底更有智慧。然而，苏格拉底觉得自己需要去求证神的意思。他开始不断向各个阶层的人提问，最后发现他之所以比其他人更有智慧，只是因为他知道自己无知。

在苏格拉底30多岁时，父亲索夫罗里斯库斯死去，留下一笔丰厚的遗产。靠着这笔遗产,苏格拉底可以维持生计,并购置了一套盔甲。苏格拉底现在已经意识到,除了用来维持生计和服兵役,财富一无是处,而且会阻碍他践行神赋予的使命。此后,他将不再关心外表或服饰,而是利用多年来的身体训练和自律,穿着简单的衣服,赤脚行走,并忽略奢侈和物质享受。他将把物质财富的用途留给那些充满抱负的人,比如他深爱的亚西比德,并且希望他们终有一天也会明白,灵魂的培育比物质或名誉上的成就更值得追求。神赋予他的义务就是考察构成真正美德的爱、正义、勇气和美的意义。

英雄苏格拉底

在接下来的十年里(公元前440—前430年),伯里克利不断地遭到政敌抨击,但阿斯帕西娅不会听到人们对她热爱的丈夫的批评。在伯里克利的要求下,她不止一次地指责苏格拉底只顾着过一种漂泊的思想家生活,而不参与政治。苏格拉底指出,他屡次服兵役就表明了自己对城邦的热爱,而且他对同胞有着一种更加重要的爱的责任。在阿斯帕西娅曾经传授的教义的激励下,苏格拉底感到他的任务是引导人们超越世俗考虑,追求更高的伦理理念。现在，他全身心地投入到哲学研究之中，他的激情已经转移到年轻的亚西比德身上。苏格拉底坦白道，他们一起交流讨论、参加辩论，进行体育训练和格斗。在这一过程中，他已经爱上了这个莽撞冲动的青年。

当苏格拉底在波提狄亚参加这场长达三年的战争时（其中一部分时间和营友亚西比德在一起），这个在他看来如此紧迫的道德问题以一种非常私人化的方式浮现出来。公元前 432 年，苏格拉底在波提狄亚战役中救了亚西比德一命。这是一次勇敢的行为，虽然这种行为出于爱和担心，但是却以牺牲军事纪律为代价。苏格拉底并不认为，他要为自己在这件事上表现出来的英雄主义而获得奖赏；但按照亚西比德的说法，他理所应当。相反，苏格拉底想成为另一种类型的英雄，他将因为启蒙自己的同胞而被人们铭记。通过不断质问和检查他们的观念，他将激励他们走一条通向良善生活的正确道路。然而，伯里克利和阿斯帕西娅并不认可苏格拉底背弃公共生活的决定。公元前 431 年，伯里克利在葬礼演讲上对这个选择做了含蓄的批评。

与伯里克利（死于公元前 429 年）不同，苏格拉底在肆虐的瘟疫中幸存下来。在接下来的战争年代，他不断作战，为雅典抗击来自伯罗奔尼撒的敌人。一直到 40 多岁，他都表现卓越，并参加了公元前 424 年的代立昂战役和公元前 422 年的安菲波利斯战役。在战场之外，他从事哲学思考、教学，批评同胞的缺点和毛病。在50岁退役之前，他还重新学起里尔琴。在孔诺斯的指导下，他努力学习先锋派（比如他的戏剧作家朋友欧里庇得斯和阿伽松）的音乐。苏格拉底想起伯里克利的顾问达蒙，后者提醒说，新的音乐风格可以用来革新政治。他觉得自己很难喜欢或欣赏那些在爱看戏剧的大众中广受欢迎的新式音乐。在苏格拉底看来，新式音乐缺少旧式音乐的简单和高贵，而且会对年轻人的道德产生有害的影响。

苏格拉底已经成为雅典的一个名人，但是，他直截了当的提问方式让其树敌众多。公元前420年，他成为喜剧舞台上众多滑稽剧目的主角，其中包括公元前423年上演的阿里斯托芬的《云》和阿米皮亚斯的《孔诺斯》。在兵役结束后，苏格拉底的身体不再保持强健。他的肚子变大了。为了重获年轻时的强健体魄，他开始学习一种新式舞蹈。虽然他仍比任何人都更擅长控制酒量，但是，他还是愉快地接受了这一点，即日益衰老的样子让他看上去就像好色之徒一样。[131]

苏格拉底和米尔托已经结婚20年了，尽管对于他快成年的两个儿子索福里斯库斯和门内克西纳斯来说，这个父亲有点冷漠。在伯里克利和吕西克勒斯（阿斯帕西娅第二任丈夫）死后，苏格拉底和阿斯帕西娅还保持着间断的联系。许多年后，阿斯帕西娅把苏格拉底介绍给了伯里克利的亲戚赞西佩。由于许多年轻人奔赴战场，赞西佩找不到一个合适的配偶。她现在马上

20 岁了，已经错过大多数雅典女性的结婚年龄。苏格拉底把她带回家中做自己的情人。这引起一些人的非议，他们指控他犯了重婚罪。赞西佩很欣赏苏格拉底的平等主义愿景，认为这是一个充满智识的男人的标志。[132] 她是一个很有个性的女人，既能够控制自己，也敢于责骂苏格拉底不顾家。比如，苏格拉底的朋友惊讶地看到，当他在公元前 416 年参加阿伽松的会饮时，竟然打扮得比平常要干净利落。这显然要归功于这位年轻情人的影响。

来自土地租用的收入让苏格拉底能够负担得起一套盔甲和养家糊口的支出，但是，他对财富或地位一点儿也不感兴趣。在接下来的 10 年里，他一直专心致志地从事哲学研究。他观察着亚西比德起起落落的一生。虽然未能让自己最喜爱的学生走上一条更加智慧的行动之路，但是，这并没有打消他教育公民同胞的公共目标。亚西比德推动的西西里远征（公元前 415—前 413 年）最后以灾难结束，公元前 411 年的寡头政变阴谋家来去匆匆。公元前 406 年，苏格拉底履行公职，担任议员。这是一段痛苦的经历。他不得不面对一群愤怒的暴民。他们要求处死将军们，因为后者在阿吉纽西海战后的一场风暴中未能收集战士的尸骸。阿斯帕西娅已经丧偶很久，但身体健康。她造访苏格拉底，请求他救自己的儿子小伯里克利，避免他被不公正地判处死刑。苏格拉底认为这样的审判既是不道德的，也是非法的，但却无法说服公民大会的成员。他只能痛苦地看着小伯里克利被处死。由于小伯里克利是一个外邦妇女的孩子,苏格拉底一直都对他充满了同情。

当听说(在所有的冒险和越轨行径之后)亚西比德在弗里几亚被杀后,阿斯帕西娅和苏格拉底更是充满了悲伤。不久,战争年代的政治动乱以公元前404年雅典的惨败而结束。斯巴达军队进入雅典。包括凯勒丰在内的许多人开始逃亡,而苏格拉底却充满争议地留下来。由于在言语上反对克里底亚和斯巴达人支持的三十僭主政体,苏格拉底差点丢了性命。这时,米尔托已经去世。几年后,赞西佩为苏格拉底生育了第三个儿子朗普克洛斯。

结局

尽管苏格拉底勇敢地拒绝了加入三十僭主的邀请,但是,当民主制在公元前403年恢复时,他还是被看作反民主的力量,公众认为他在过去几十年里给雅典人带来了巨大的灾难。旧的敌意和不满重新纠缠上他。他成为寡头派(他们在公元前411年发动政变,克里底亚及其同伙在其短暂的恐怖统治期间大肆捕杀民主反对派)的替罪羊。民主制恢复之后,雅典出现一阵狂热:苏格拉底的敌人聚集在一起,并在公元前399年指控他不敬神,有残害青年的思想，最终把他送上了法庭，判处他有罪。在苏格拉底的辩护词中，他宣称自己不应该受到惩罚，相反，他应该为自己所做的有用工作得到奖赏，他是一只叮咬城邦的具有良知的牛虻。这一自信的举止冒犯了由 500 人组成的陪审团中的大多数人，他们判处苏格拉底死刑。由于宗教原因，雅典人延迟处刑。于是，苏格拉底得以在狱中度过数日。在此期间，他的朋友和家人见了他最后一面。

或许，其中一个朋友就是年老的阿斯帕西娅。现在，她已是疾病缠身。苏格拉底在喝下毒酒前，让他的朋友克里托不要忘记献祭一只鸡给医术之神阿斯克勒庇俄斯（Asclepius）。这个行为代表还愿的意思，即为病人的康复向神祈祷。我们不知道那个病人是谁。柏拉图本人当时身体不适，没有去狱中看望苏格拉底，既然他还没有康复，那么，还愿不可能和他有关。[133] 这个人也不可能指赞西佩。她刚刚被带离监狱，一直在大声哭泣，充满了悲伤和焦虑。

就像克里托一样，柏拉图肯定知道苏格拉底这个还愿和谁有关，但是，他没有给出名字。或许，苏格拉底的誓言对象恰好是阿斯帕西娅。苏格拉底一直深爱和倾慕着她。晚年苏格拉底有时会去向她寻求辩论和智识方面的教导。苏格拉底最后的话经常被诠释为，他把死亡看作一种从生命或性欲的病疾中康复过来的治疗手段，这一解读不无离奇。不可否认的是，弥留之际的苏格拉底实现了自己年轻时的抱负。那时,他决心成为一个英雄,并试图掌握爱的真理。苏格拉底最后是为他热爱的智慧和正义而死。这给后世留下了一个道德和智识的典范。他是哲学史上第一个英雄,也是最伟大的英雄。

时间线

与苏格拉底有关的事件
（公元前 500—前 399 年）

关于时间线的说明：

1. 因为雅典新年开始于如今的 7 月，所以，公元前 490 年 9 月的马拉松战役准确来说发生于公元前 490—前 489 年。为了简便起见，本书中的日期都以单独年份的形式呈现。例如，苏格拉底出生于公元前 469—前 468 年，本书将标记为公元前 469 年。

2. 时间线中的"？"表示某个日期或事件是猜测的。

公元前508年	在克里斯提尼的改革之后,雅典民主制建立
公元前490年	希波战争:大流士在马拉松战役中战败
公元前480年	希波战争:薛西斯的舰队在萨拉米斯战败
公元前470年	阿斯帕西娅出生(?)
公元前469年	苏格拉底出生
公元前461年	基蒙被流放之后,伯里克利执政
公元前460年	第一次伯罗奔尼撒战争:雅典和斯巴达开战
公元前455年(?)	伯里克利与妻子戴诺玛谢离婚
公元前451年(?)	亚西比德出生;苏格拉底和阿基劳斯造访萨摩斯岛
公元前450年	阿斯帕西娅和她的父亲阿克西奥库斯来到雅典(?)
公元前447年	喀罗尼亚之战:苏格拉底最早的军旅经历(?);克利尼亚(亚西比德之父)战死
公元前445年(?)	伯里克利和阿斯帕西娅生活在一起
公元前440年	伯里克利进攻萨摩斯岛

公元前432年	苏格拉底在波是狄亚救了亚西比德一命
公元前430年	第二次伯罗奔尼撒战争进入第二年;苏格拉底和亚西比德在希腊北部服兵役
公元前429年	伯里克利死于瘟疫;阿斯帕西娅嫁给吕西克勒斯
公元前424年	苏格拉底在代立昂战役中撤退
公元前423年	阿里斯托芬的《云》上演,苏格拉底出场
公元前421年	阿里斯托芬创作喜剧《和平》;尼西亚斯与斯巴达交战时期
公元前420年	亚西比德进入政坛;苏格拉底出现在色诺芬的《会饮篇》中
公元前416年	阿迦松赢得悲剧奖;苏格拉底出现在柏拉图的《会饮篇》中
公元前415-前413年	西西里远征;亚西比德从雅典流亡
公元前411年	"寡头政变"(四百人议会)之后,民主制恢复
公元前406年	苏格拉底在议会上反对大规模处死6名将军
公元前404年	斯巴达在伯罗奔尼撒战争中获得胜利;

	雅典建立三十僭主；苏格拉底拒绝逮捕萨拉米斯的利昂
公元前403年	民主制在雅典恢复
公元前399年	苏格拉底受审并被处死

注　释

1　虽然经常使用这一拉丁术语,但是,它却来源于17世纪,在古典拉丁语中无法找到。希腊文"apo mekhanes theos"(意为"来自机械的神")可以在公元前4—前3世纪的雅典戏剧作家米兰德(Menander)的一部戏剧残篇中找到。

2　在酒神节,通常会有五部喜剧进行比赛。但是,据说在伯罗奔尼撒战争期间,参赛的剧目减少到三部。《云》排在科拉提诺斯的《酒瓶》和阿米皮亚斯的《孔诺斯》之后。

3　我们不知道第二个版本的日期,但是,相关证据表明时间是在公元前420年到公元前417年之间。

4　引自柏拉图的《斐多篇》。

5　这个故事引自埃里亚努斯的《杂文逸事》(*Varia Historia*)。

6　在记录公元5世纪该剧院原貌的图片的帮助下,乔波(Csapo)概述了其地址的发展变化。

7　马歇尔(Marshall)认为,艾利安记载的细节"过于生动和合理，只能看作意外的或巧妙的虚构"。

8　马歇尔认为，公元前423年后，该剧也上演过。经常出现的喜剧模仿［比如欧里庇得斯的《武勒福斯》(*Telephus*)］同样说明，一些令人难忘的表演节目会持续上演20多年，尽管许多观众可能没见过原来的剧本，也不知道它讲了什么。

9　有一个例子可以作为类比，即约翰逊博士的传记。我们可以从博斯威尔(Boswell)的《萨缪尔·约翰逊的一生》(*Life of Samuel Johnson*)中了解到他。1763年，博斯威尔第一次遇见约翰逊，当时他23岁，而后者已经54岁。

10　正如玛丽·莱夫科维茨写道，"苏格拉底被人铭记，不是因为他的思想……相反，是因为他的死。苏格拉底一直激励着政治家、思想家和艺术家，并且长达两千多年"。

11　这一观点来自泰勒(Taylor)和威尔逊(Wilson)。

12　柏拉图笔下的苏格拉底说："现在，你是否想听到关于爱的真理？"

13　相关记述来自莱文(Levin)。

14　例如，伊丽莎白·贝尔菲奥尔(Elizabeth Belfiore)认为，苏格拉底"同时说的是狄奥提玛的别名'曼提尼俄'。他想表明的是，需要占卜才能理解她的意思，而他不明白她在说什么"。

15　该玩笑见于阿里斯托芬的《吕西斯特拉忒》(*Lysistrata*),但是,它可能是喜剧的套路。

16　根据公元前440年到公元前436年生效的一项"不许嘲弄"的法令,我做出了这个推论。这项法令的禁止内容是不清楚的。但是,桑莫斯坦因(Sommerstein)指出,法令废除的日期"正处在伯里克利还没有完全掌控雅典政治生活的阶段。前一年,菲狄亚斯被起诉并流亡,罪名是腐败,而伯里克利直接牵涉其中。公元前437年,这位政治家的另一个朋友阿那克萨戈拉可能同样被起诉并开始流亡"。

17　我们或许可以在荷马的《伊利亚特》第一卷中找到一个先例。由于希腊人的领袖阿伽门农(Agamemnon)不尊敬阿波罗的祭司克律塞斯(Chryses),阿波罗给希腊军队降下了一场瘟疫。之后,为了赎罪,希腊人举行了一场献祭。

18　参见普鲁塔克的《伯里克利》。此前,普鲁塔克写道,伯里克利"远远超过其他演讲家,由此他们给了他这样一个绰号,尽管一些人认为,伯里克利之所以被唤作'像奥林匹斯诸神一样',是因为他给雅典带来的那栋建筑;而另一些人认为,是因为他作为一名政治家和将军的能力"。

19　通常认为,柏拉图的出生日期是公元前427年,但是,仍有一些人认为是公元前424年。

20 利特曼(Littman)写道,"考虑到在苏格拉底的圈子中,娈童行为普遍存在且被人们接受,再加上苏格拉底又很好色,认为他没有卷入这种事情的观点才是最奇怪的"。他还援引3—4世纪的哲学家波利斯提尼斯的比昂(Bion of Borysthenes)的论断。第欧根尼·拉尔修曾引用后者的话,"如果苏格拉底对亚西比德充满了欲望,却又克制了自己,那么,他就是一个傻子;如果他没有,那么,他的行为一点也不会引人注目"。

21 对于出身很好的雅典女性来说,这样一个年纪正好超出了正常的婚龄。因此,无论她是否和阿尔克迈翁家族有关或者来自上层社会,我们都可以解释为什么赞西佩最后会和性格古怪、年龄又大的苏格拉底在一起。

22 引自普鲁塔克的《亚里斯泰德》(*Aristides*)。

23 赫夫曼(Huffman)认为,亚里士多塞诺斯的话真实可信。奈尔斯(Nails)写道,"因为同时期的柏拉图和色诺芬都说,赞西佩是苏格拉底的妻子,所以,我不认为苏格拉底与米尔托也有一段婚姻"。但是,柏拉图和色诺芬可能隐瞒了这一事实,即他们可能从未见过的米尔托——在两人认识苏格拉底之前,她可能就已经去世——是苏格拉底最早且唯一合法的妻子,而他们熟知的赞西佩是他的情人。

24 朔恩（Schorn）声称，亚里士多德认为米尔托是苏格拉底孩子的母亲，因为他说他们"出身较好"，但是堕落了。但是，这可能只是指他们没有苏格拉底的高贵品质。

25 引自柏拉图的《申辩篇》。

26 基督教作家塞勒斯的狄奥多勒（Theodoret of Cyrrhus）记录了这个故事。

27 在伯罗奔尼撒战争期间，一条通过的法令规定，雅典男性的情人生育的孩子是合法的。因此赞西佩为苏格拉底生育的这个孩子才被视为合法的，尽管他是私生子。

28 狄奥提玛的教义表达了一种对多重关系的期待和认可，她建议说，年轻的爱人可以从走向"美丽的肉体"开始。

29 引自《反对奈伊拉》，这部作品的作者通常被视为德摩斯梯尼（Demosthenes），其实是阿波罗多洛斯（Apollodoros）。

30 与苏格拉底好色有关的引文来自公元5世纪基督教作家亚历山大的西里尔（Cyril of Alexandria）和塞勒斯的狄奥多勒。两人都引用了公元3世纪的哲学家波菲利的话。这些话可以一直追溯到亚里士多塞诺斯那里。亚里士多塞诺斯记录说，虽然苏格拉底在性方面非常活跃，但是，他的行为并没有给人造成伤害，比如不忠、强人所难或轻浮。

31 许多优秀的苏格拉底研究者都会聚焦于这些事件，或者以它们为起点。其中包括斯通（Stone）、威尔逊、沃特菲尔德（Waterfield）和休斯（Hughes）。更早的著作有格思里（Guthrie）按照年代线索写就的作品，但是，他的这部杰作完全没有提到阿斯帕西娅。

32　这一论断来自沃特菲尔德。

33　据说，亚西比德的盾牌镶了金边，上面有释放雷电的厄洛斯的浮雕图案。利特曼认为，这是虚构的，可能来源于一部讽刺亚西比德的喜剧作品。但是，这个装饰也许符合这个年轻人奢华的本质，即使它引起了苏格拉底的不满。在色诺芬的《大事记》中，他说，"如果没有实现它的功能，哪怕是一件金盾也是丑陋的"。

34　这部分是对亚西比德在柏拉图的《会饮篇》中讲述的战斗经历的一个想象性重现。

35　霍恩布洛尔（Hornblower）和麦克劳德（MacLeod）都提到苏格拉底对修昔底德的影响。

36　即使征收的贡赋并不是直接为这个建筑项目提供资金，但间接上是这样做的。

37　霍尔（Hall）具体讲到，对于希腊人来说，游泳作为民族认同的一部分非常重要。

38　正如我在《希腊人和新事物》中探讨的一样，公元前

5世纪是一个在战争与和平事务上的革新时期。修昔底德对希腊(尤其是雅典)军事技术和成就的介绍为我们提供了证据。这些发展将在数十年内对希腊军事战术和策略造成巨大的影响,并且不久将导致亚历山大大帝史无前例的征服计划。

39　由于过去两千多年的变化,这场瘟疫很可能无法用任何已知的现代疾病知识辨别出来。

40　"在波提狄亚城内,他们已经被迫吃任何可以找到的东西,包括尸体。"关于此次围攻的所有叙述都来自修昔底德。

41　这种状况被认为源于身体的"黑胆汁"过多。亚里士多德认为,一些著名的成功人士的性情往往会遭受这种疾病的影响。

42　布雷莫(Bremaud)把关于苏格拉底精神疾病的不同诊断一直追溯到19世纪早期的法国精神病学家那里。僵硬症的症状包括姿势固定、对外部刺激和疼痛的敏感度降低。

43　安德森(Anderson)认为是斯巴托勒斯战役。

44　然而,田地不可能是刚刚烧毁的,因为在公元前429年,斯巴达人没有入侵阿提卡(也许是瘟疫的缘故),相反,他们攻击了雅典北部的盟友普拉提亚。

45　相关记述来自韦斯(Wees)。

46　盔甲的用途在柏拉图的《拉凯斯篇》中遭到质疑。

47　虽然大多数证据来自外邦,但是,全副武装的雅典舞蹈在柏拉图的《法篇》中得到证实。

48　安德森提到苏格拉底生活中的这个重要方面,而华莱士(Wallace)则否定柏拉图有关苏格拉底服役的说法,认为这是一个"玩笑"。前者更加可信。

49　该战役发生于公元前447—前446年。一些历史学家认为,它发生在公元前446年春,但是,发生在早秋似乎更合理。

50　来自鲍勒(Bowra)的观点。

51　普鲁塔克说是"舍友"。也许柏拉图是为了避免可能的性暗示,才只提到他们共同用餐。

52　引自柏拉图的《会饮篇》。

53　虽然亚西比德的出生日期不确定,但很可能是公元前451年。这意味着,公元前432年,他在波提狄亚服役时刚刚成年。

54　不同于"阿尔克迈翁家族","Eupatrid"并不指代某个宗族或家族名称,而是指"出身优越"。

55　阿祖莱(Azoulay)认为戴诺玛谢是伯里克利的前妻。这或许可以解释为什么伯里克利后来会成为她和克利尼亚的儿子的监护人。萨蒙思(Samons)对此表示怀疑,理由是如果的确如此,按照传统就会保留她的名字。

56　虽然现在一般认为,该对话并非出自柏拉图之手,而是由公元前350年左右的一个信徒所作,但是,这么早的日期仍然是了解苏格拉底及其圈子的重要证据。

57　比克内尔(Bicknell)根据一段碑文,重建了一个猜测性的阿斯帕西娅谱系,将她和亚西比德的家庭联系起来。这个观点得到亨利(Henry)和奈尔斯(Nails)的认可。

58　这里列出的两件关于佐普鲁斯和苏格拉底的逸事可见于西塞罗的《论命运》和《图库兰姆谈话录》。它们据说取自斐多已经失传的《佐普鲁斯篇》(第欧根尼·拉尔修记录下该书名)。如果是这样的话,它们就具有一定的可信度,因为苏格拉底忠实的学生肯定热切地希望表明,佐普鲁斯关于苏格拉底的负面描述是错误的。

59　这一理论经过英国医师托马斯·布朗恩(Thomas Browne)的传播后,也见于瑞士牧师约翰·卡斯帕·拉法特(Johann Kaspar Lavater)的著述中。

60　这个人的名字叫安尼托(Anytus),他是苏格拉底审判的指控者之一。

61　修昔底德只提到"面部"。这可能是出于审慎,或者是出于人们对伤及阴茎部位的推测。幸存下来的赫尔墨斯石像证明了这两个部位都被毁坏。

62　关于亚西比德死亡的不同叙述来自奈尔斯和罗德斯(Rhodes)。

63　引自色诺芬的《大事记》。在柏拉图的《高尔吉亚篇》(*Gorgias*)中,苏格拉底用了一个类似的隐喻来表明,伯里克利同样是一个糟糕的领袖。

64　莱夫科维茨补充说:"由于选择喝毒酒(而不是勒死),苏格拉底可以没有痛苦地死去……毒酒影响外围神经系统,因此,受害者的四肢会逐渐失去知觉。但是毒酒可以使其保持意识清醒,直到心肺停止。"

65　伊翁的书名为"Epidemiai",字面意思为"逗留"(在不同地方)或"造访"。

66　格雷厄姆(Graham)分析了伊翁这句话的含义。例如,约翰逊就这样谈论到苏格拉底,"他拒绝同性恋,除了表面上的"。

67　参见柏拉图的《斐德罗篇》。

68　就像一些人认为的一样,我们不清楚这个禁令是否合法。色诺芬笔下的苏格拉底提到欧梯德谟斯(Euthydemus)时说,"他因为年轻,没有进入阿哥拉,但是,当他想做什么时,人们发现他坐在阿哥拉附近一个马具匠的店里"。

69 赫夫曼和朔恩表示,和其他学者相比,亚里士多塞诺斯是苏格拉底生活和性格的一个更加可靠的、公正的见证者。

70 引自柏拉图的《泰阿泰德篇》。

71 没有记述表明苏格拉底遇见过麦里梭,但是,在柏拉图的《泰阿泰德篇》中,据说他是苏格拉底尊敬的一个人物,尽管不如年老的哲学家巴门尼德。"当我还很年轻而他很老的时候,我见过他一次。对于我来说,他似乎拥有一种高深的思想。"

72 阿那克萨戈拉可能在公元前456—前455年来过雅典。

73 透视的发现可以归之于阿那克萨戈拉和萨摩斯画家阿加塔库斯。但是,这不应该被视为艺术家和制图员中流行的"灭点"透视。它只不过是对这一事实的揭示,即物体越远,它们看上去就越小。

74 阿那克萨戈拉的证词引自亚里士多德的《尼各马可伦理学》(*Nicomachean Ethics*)。

75 普鲁塔克指出,关于羊头畸形的两种解释虽然是从不同的角度去说的,但是事实上并非无法兼容。就像多兹(Dodds)在他的古典研究作品《希腊人和非理性》(*The Greeks and the Irrational*)中表明的一样,在整个古代,希腊人的理性主义可以和非理性主义共存。

76　引自柏拉图的《斐多篇》。

77　这一观点来自勒鲁瓦(Leroi)。

78　这可以和西格蒙德·弗洛伊德的职业做个类比。刚开始,他是一个神经病学领域的学生,后来意识到科学还没有发展到足以发现大脑和思想互动的本质,于是便把目光转向发明精神分析这一学科。

79　虽然学者们一般接受所谓的"卡利亚斯的和平",但是,还是存在很多证据问题(修昔底德就没有提及它们)。一些人倾向于认为,这是公元4世纪历史学家虚构出来的内容。

80　修昔底德并没有清楚地说,他出席了公元前430年伯里克利的演讲,但是,博斯沃思(Bosworth)认为,我们有理由相信他在场。

81　卡莱特(Kallet)提出这一观点。

82　如果他们的目标正好相反,那么,柏拉图似乎不可能引用达蒙的话来为政治稳定进行辩护。林奇(Lynch)认为,达蒙的观察只是一个基础,柏拉图在此基础之上发展出了自己的哲学立场。

83　关于违法性的确切问题是有争议的。或许是将军们没有得到合适的机会来为自己辩护。

84　修昔底德提出这一观点。

85　相关论述参见柏拉图的《高尔吉亚篇》。

86　引自弗里德里希·尼采的《偶像的黄昏》。

87　第欧根尼·拉尔修认为日期是公元前468年的塔尔戈里亚节（5月6日或6月6日）。然而，正如柏拉图所说，公元前399年，苏格拉底在他70岁时去世了，因此，我接受一般采用的日期和他所出生的乡镇。

88　克里斯提尼可能希望，在旧制度下处境较差的阿尔克迈翁家族将在新制度下，获得很好的境况。

89　阿诺普克在公元前4世纪培养了10位议员。作为较大的自治区之一，据计算其公民人数约占到雅典公民人数的2%。在伯罗奔尼撒战争爆发之前，雅典公民人数可能有6万。

90　相关论述参见柏拉图的《拉凯斯篇》。

91　对该术语的主要讨论参见色诺芬的《家政论》。

92　奥伯（Ober）总结说，"他继承的财产地位相对来说是安稳的……不可否认的是，他接受的雅典传统教育让他有可能成为一名哲学家"。

93　相关论述参见柏拉图的《美诺篇》。

94　相关论述参见柏拉图的《伊安篇》。

95　普鲁塔克的论文《论音乐》（*On Music*）记录："古希腊

人相信，他们需要用音乐来陶冶年轻人的心灵，朝着'优雅和得体'的方向发展。他们认为，音乐在一切环境和每一次认真的行动中都是一种重要的资源，尤其是在战争中面临危险时。"

96　我们对雅典的兰普诺斯知之甚少，应该把他和埃利色雷（爱奥尼亚的一个城邦）的兰普诺斯区别开来，后者是公元前4世纪亚里士多塞诺斯的老师。

97　维尔贝格（Wildberg）认为，两人在现实生活中交往甚密。

98　乔波出色地描述了新式音乐家造成的强烈的社会影响。在《理想国》第四卷中，柏拉图笔下的苏格拉底不赞成新式音乐对青年人的影响。

99　其他古代民族拥有相似的传统，其中一些保留了下来，比如波斯人的"英雄"战舞。

100　结果是第一、第二和第四名，而不是前三名。虽然信息来源不同，但是，这个奇怪的排名仍然有很大的可信度。

101　引自色诺芬尼的断章。

102　在荷马《伊利亚特》中，阿喀琉斯正在弹奏里尔琴和唱歌。

103　在色诺芬的《苏格拉底回忆录》中，苏格拉底此时正在和一位军械官皮斯提亚（Pistias）讨论一副好胸甲的好处。

104　按照公元前6世纪颁布的梭伦法令，重装步兵每年至少需要200模底（约400升）的粮食，比一个小型农户的产出要多很多。

105　我们有保留地把色诺芬给出的500德拉克马看作苏格拉底财富的总数，因为苏格拉底声称，尽管他看上去"足够富有"，但是，即使他晚年变穷，那也是他自己的选择。

106　我们或许可以将苏格拉底和哲学家路德维希·维特根斯坦（Ludwig Wittgenstein）进行类比。后者在欧洲战前捐出了一笔巨大的财富，并且专注于思考，先是当了一名学校老师，后来又在医院做了一名护工。

107　这段讨论的文字来自色诺芬的《会饮篇》。

108　相关论述来自莱恩·福克斯（Lane Fox）。

109　相关论述来自保罗·赞克。

110　相关论述来自帕帕佩特鲁（Papapetrou）。

111　针对幻听问题的各种讨论（包括对苏格拉底的守护神的讨论）来自史密斯（Smith）。

112　"atopos"的字面意思是"格格不入"。在传记作家那里，它经常被用来描述老年的苏格拉底。

113　朱克特（Znckert）引用的相关文献有：柏拉图的《申辩篇》《理想国》《泰戈斯》。

114 最新收集的地质学证据来自布罗德(Broad)。

115 在《为什么皮提亚不给出诗文写的神谕?》(Why the Pythia does not now give oracles in verse)中,普鲁塔克这样说道,在他那个时代,"由于成长于农民的家庭,当皮提亚住进神殿时,她没有任何的艺术、实践或技能"。这可能同样适用于苏格拉底的时代。

116 在谈到这次拜访时,第欧根尼·拉尔修援引了亚里士多德的话;在谈到这句铭文时,普鲁塔克也提到了他。

117 引自柏拉图的《申辩篇》。

118 引自柏拉图的《美涅克塞努篇》。

119 这可能就是那个出现在柏拉图的《吕西斯篇》中的得摩丰(Demophon)之子美涅克塞努,而不是迪恩-琼斯(Dean-Jones)认为的苏格拉底之子。

120 关于谱系的讨论来自比克内尔和埃利斯(Ellis)。

121 一些学者认为,伯里克利抛弃了第一任妻子,而和阿斯帕西娅在一起。但是,历史年代学并不支持这一观点。

122 我们不清楚阿斯帕西娅的真实地位。一个雅典公民娶一个外邦女子,在公元前5世纪并不违法,但在公元前4世纪是违法的。作为一个外邦人,阿斯帕西娅可能无法获得合法的婚姻。然而,有观点认为她是例外。韦尔南(Vernant)就指出,

"我们没有发现,婚姻制度在公元前5世纪的雅典得到了清楚的界定……仍然存在不同的结合形式。根据历史环境,他们对妇女及其孩子的影响也不同"。为了简便起见,许多人用"结婚"一词来形容阿斯帕西娅和伯里克利的结合。

123　亨利认为,在伯里克利死后,阿斯帕西娅又迅速再婚,这可能印证了喜剧中的暗示,即伯里克利已经厌倦了她。但是,一些喜剧指控他在性方面放纵,这很可能是对他傲慢无礼这一事实的恶毒攻击。

124　斯通巧妙地放弃了普鲁塔克的误解。正如斯通写道,"我们不知道其他例子,其中一个喜剧诗人曾为了证明自己是严肃的,把自己的玩笑和讽刺带到法庭……作为一个亵渎神灵的起诉人,他肯定会显得很奇怪"。

125　波默罗伊(Pomeroy)写道,"引人注目的是,苏格拉底(或色诺芬)竟然选择高级妓女阿斯帕西娅作为一个模范"。但是,他也指出,"当她和伯里克利成为夫妻,她的儿子也被赋予公民权时,她的地位获得了提升"(这些事件贯穿了她在雅典生活的大部分时间)。

126　多林(Doring)描述了记录在埃斯基涅斯的《阿斯帕西娅》中的讨论,并总结说,"因此,阿斯帕西娅、色诺芬及其妻子与苏格拉底(在爱情方面,他是阿斯帕西娅的学生)之间有着某种紧密的联系"。但是,他把这种联系解释为埃斯基涅斯把苏格拉底的某个方面投射到阿斯帕西娅身上,而不是阿斯帕西娅的思想对苏格拉底产生了影响。

127 关于《麦加拉法令》的不同,甚至有点不合常理的解释——它是一个宗教而不是经济制裁——通常被人们拒斥。阿里斯托芬笔下抢走妓女的故事经常被视为影响了希罗多德。佩琳(Pelling)认为,两位作家很可能只是借用了关于战争起因的流行说法。

128 这究竟是一种什么样的关系?阿忒那奥斯(Athenaeus)引用的希腊文献对此含糊其词。在列举了其他的可能证词(包括艺术家的证词),以说明苏格拉底和阿斯帕西娅之间存在恋情后,波默罗伊声称,这"说明两人是一种情人关系"。亨利直接认为,赫尔墨西阿纳克斯在华丽诗篇中描写的苏格拉底的情感是"一种青少年的迷恋"。

129 相关论述来自玛丽·莱夫科维茨。

130 贝尔菲奥尔总结说,柏拉图《会饮篇》中的苏格拉底根本就不赞同狄奥提玛的观点或方法,尤其是,作为一个老师的她"与转述她的话语的这位哲学家如此截然不同"。

131 据说,没有人看到苏格拉底喝醉过。在柏拉图的《会饮篇》末尾，当其他人昏昏入睡时，苏格拉底还在和阿里斯托芬、阿伽松继续畅饮和辩论，直到凌晨。

132　在《梵蒂冈女性语录》(*Vatican Sayings of Women*)中，有一句流传的话："当赞西佩被问及苏格拉底最伟大的特点是什么时，她说，'他对高低贵贱一视同仁'。"

133　大多数人给出了很好的理由，说这个祈愿指的是从疾病中康复过来，并争论其对象是不是柏拉图。但是，由于柏拉图身体还没有恢复，我们很难说，苏格拉底在临终之际会为柏拉图早日康复而祈愿。

参考文献

Anderson, M. (2005) 'Socrates as Hoplite', *Ancient Philosophy* 25.2, 273–891.

Azoulay, V. (2010) *Pericles of Athens* Trans. Janet Lloyd. Princeton, NJ.

Belfiore, E. S. (2012) *Socrates' Daimonic Art*. Cambridge.

Bicknell, P. J. (1982) 'Axiochus Alkibiadou, Aspasia and Aspasios', *L' Antiquité Classique* 51: 240–250.

Bloch, E. (2002) 'Hemlock Poisoning and the Death of Socrates', in T. Brickhouse and N. Smith, eds, *The Trial and Execution of Socrates*, 255–278. Oxford.

Bosworth, A. B. (2000) 'The historical context of Thucydides' funeral oration', *JHS* 120, 1–16.

Bowra, M. (1938) 'The Epigram on the Fallen of Coronea', *Classical Quarterly* 32.2, 80–88.

Brémaud, N. (2012) 'Folie de Socrate?', *L'information psychiatrique* 88.5, 385–391.

Broad, W. J. (2006) *The Oracle*. London.

Csapo, E. (2004) 'The Politics of the New Music', in P. Murray and P. Wilson, eds, *Music and the Muses*, 207–248. Oxford.

— (2010) *Actors and Icons of the Ancient Theater*. Hoboken, NJ.

D'Angour, A. J. (2011) *The Greeks and the New*. Cambridge.

Dean-Jones, L. (1995) 'Menexenus – Son of Socrates', *Classical Quarterly* 45.1, 51–57.

Dodds, E. R. (1951) *The Greeks and the Irrational*. Berkeley, Calif.

Döring, K. (2011) 'The Students of Socrates', in D. R. Morrison, ed., *The Cambridge Companion to Socrates*, 24–47. Cambridge.

Dover, K. (1989) *Aristophanes' Clouds*. Oxford.

Ellis, W. M. (1989) *Alcibiades*. London.

Foxhall, L. (1997) 'A View from the top: Evaluating the Solonian property classes', in L. Mitchell and P. Rhodes, eds, *The Development of the Polis in Archaic Greece*, 113–136. London.

Gay, P. (1988) *Freud: A Life for Our Time*. London.

Graham, D. (2008) 'Socrates on Samos', *Classical Quarterly* 308–313.

Guthrie, W. K. C. (1971) *Socrates*.Cambridge.

Hall, E. (2006) *The Theatrical Cast of Athens*. Oxford.

Hansen, M. H. (1988) *Three Studies in Athenian Demography*. Copenhagen.

Henry, M. M. (1995) *Prisoner of History: Aspasia of Miletus and the Biographical Tradition*. Oxford.

Hornblower, S. (1987) *Thucydides*.London.

Huffman, C. (2012) 'Aristoxenus's *Life of Socrates*', in C. Huffman, ed., *Aristoxenus of Tarentum*, 250–81. New Brunswick, NJ.

Hughes, B. (2010) *The Hemlock Cup*. London.

Johnson, P. (2011) *Socrates: A Man for Our Times*.London.

Kallet-Marx, L. (1989) 'Did Tribute Fund the Parthenon', *Classical Antiquity* 8.2, 252–266.

Karamanou, I. (2006)*Euripides, Danae and Dictys*. Berlin.

Lane Fox, R. (2016)*Augustine, Conversions and Confessions.* London.

Lefkowitz, M. R. (2008) Review of Emily Wilson, *The Death of*

Socrates(Cambridge, Mass., 2007). *Reason Papers* 30, 107–112.

Levin, F. (2009) *Greek Reflections on the Nature of Music.* Cambridge.

Leroi, A. M. (2014) *The Lagoon: How Aristotle Invented Science.* London.

Lewis, D. M. (1963) 'Cleisthenes and Attica', *Historia* xii 1963, 22–40 (=*Selected Papers in Greek and Near Eastern History*, P. J. Rhodes, ed., Cambridge, 77–98).

Littman, R. (1970) 'The Loves of Alcibiades', *Transactions of the American Philological Association* 101.

Lynch, T. (2013) 'A Sophist "in disguise": a reconstruction of Damon of Oa and his role in Plato's dialogues', *Etudes Platoniciennes* online, 10: 2013.

MacLeod, C. (1974) 'Form and meaning in the Melian Dialogue', *Historia* 23: 385–400 (=*Collected Essays,* Oxford 1983, 52–67).

Marshall, C. W. and G. Kovacs, eds (2012) *No Laughing Matter.* London.

Marshall, C. W. (2016) 'Aelian and Comedy: Four Studies', in C. W. Marshall and T. Hawkins, eds, *Athenian Comedy in the Roman Empire*, 197–222. London.

Morgan, K. A., ed. (2003) *Popular Tyranny.* Austin, Tex.

Most, G. (1993) 'A Cock for Asclepius', *Classical Quarterly* 43.

Nails, D. (2002*) The People of Plato.* Indianapolis, Ind.

Ober, J. (2011) 'Socrates and Democratic Athens', in D. R. Morrison, ed., *The Cambridge Companion to Socrates*, 138–178. Cambridge.

Papapetrou, P. D. (2015) 'The philosopher Socrates had exophthalmos (a term coined by Plato) and probably Graves disease', *Hormones*(Athens).

Parker, R. (1997) *Athenian Religion.* Oxford.

Pelling, C. B. R. (2000) *Literary Texts and the Greek Historian.* London.

Pomeroy, S. B. (1994) *Xenophon: Oeconomicus.* Oxford.

Poole, J. C. F. and A. J. Holladay (1979) 'Thucydides and the Plague of Athens', *Classical Quarterly* 29.2, 282–300.

Power, T. (2012) 'Sophocles and Music', in A. Markantonatos, ed., *Brill's Companion to Sophocles*, 283–304. Leiden and Boston, Mass.

Rhodes, P. J. (2011) *Alcibiades.* Barnsley.

—(2018) *Periclean Athens.*

Ste croix, G. E. M. de (1972) *The Origins of the Peloponnesian War.*

London.

Samons II, L. J. (2016) *Pericles and the Conquest of History.* Cambridge.

Schorn, S. (2012) 'Aristoxenus's Biographical Method', in C. Huffman, ed., *Aristoxenus of Tarentum*, 177–222. Austin, Tex.

Smith, D. B. (2007) *Muses, Madmen and Prophets.* London.

Sommerstein, A. H. 'Comedy and the Unspeakable', in D. L. Cairns and R. A. Knox, eds (2004) *Law, Rhetoric, and Comedy in Classical Athens*, 205–222. Swansea.

Stone, I. F. (1988) *The Trial of Socrates.* London.

Taylor, J. (2007) *Classics and the Bible: Hospitality and Recognition.* London.

Vander Waerdt, P. A. (1994) '*Socrates in the Clouds*', in *The Socratic Movement*, 48–86. Ithaca, NY.

van Wees, H. (2004) *Greek Warfare: Myths and Realities.* London.

Vernant, J.-P. (1990) *Myth and Society in Ancient Greece.* Trans. Janet Lloyd. New York.

Wallace, R.W. (2015a) 'Socrates as Hoplite', *Philosophia* 45 (2015), 148–160.

—(2015b) *Reconstructing Damon*. Oxford.

Waterfield, R. (2009) *Why Socrates Died*. New York and London.

Wheeler, E. (1982) 'Hoplomachia and Greek dances in arms', *Greek, Roman, and Byzantine Studies* 23: 229–230.

Wildberg, C. (2009), in S. Ahbel-Rappe and R. Kamtekar, eds, *A Companion to Socrates*, 21–35. Wiley-Blackwell: London and New York.

Wilson, E. (2007) *The Death of Socrates*. London.

Zanker, P. (1995) *The Mask of Socrates*. Berkeley, Calif.

Zuckert, C. (2012) *Plato's Philosophers: the Coherence of the Dialogues*. Chicago, Ill.

致　谢

任何有关苏格拉底生平的叙述都涉及选材和猜测。《恋爱中的苏格拉底》一书并非为专家而写，相反，它着眼于苏格拉底传记中从未得到充分关注的元素。公开出版的苏格拉底研究已经浩如烟海，而我将参考文献局限于自己认为特别有用的一些材料，其中包括德布拉·纳尹（Debra Nail）的学术著作《柏拉图的人民》（The People of Plato）和卡尔·赫夫曼（Carl Huffman）的一份被人忽略的关于哲学家生活的讨论，即亚里士多塞诺斯的《苏格拉底的一生》。

本书并非虚构，但是，第二章开头关于波提狄亚战役和本书末尾关于苏格拉底生平故事的叙述——虽然基于现有的证据——都使用了区别于正文的字体，以示它们都是想象性的重构。感谢彼得·罗兹（Peter Rhodes）和克里斯·佩林（Chris Pelling）对本书的初稿给出了慷慨而珍贵的反馈。同样感谢米歇尔·安德森（Michael Anderson）、约翰·伯查尔（John Birchall）、保罗·卡特利奇（Paul Cartledge）、珍妮·科恩（Jeannie Cohen）、科林·科温顿（Coline Covington）、玛德琳·迪米特罗夫（Madeleine Dimitrof）、汤姆·迪米特罗夫（Tom Dimitroff）、米歇尔·菲什威克（Michael Fishwick）、詹姆斯·曼伍德（James Morwood）、托比·芒迪（Toby Mundy）和彼得·索恩曼（Peter Thonemann），尤其感谢我的妻子凯伦·西科里提（Karen Ciclitira），感谢他们提供的想法和评论。